秘境鉄道の謎

今こそ訪れたい「レア路線・駅」大全

風来堂

イースト新書Q
Q071

はじめに

鉄道は、公共交通機関の中で最も、明治以来の近現代史の歩みをともにしてきた存在といえる。当初は、外国人技師の指導のもとで始まり、資材も輸入されるものが多かった。そこから徐々に技術力が向上し、資材や車両の生産体制も整い、時代とともに発展していった。

峠越えや断崖、風雪への対策など、鉄道開発は常に困難とともにあった。その最前線である「秘境」での闘いの歴史について、この本では数多く取り上げている。中には、計画はされたものの開通に到らず終わってしまった「未成線」や、時代が下るとともに利用者減に悩まされ、やむなく「廃線」となってしまった路線もある。

一方で、今も現役として維持されている秘境鉄道もある。一日数本しか走らないローカル線にも、一日数人しか利用しなくなってしまった秘境駅にも、それぞれにエピソードがある。それらを知ることで、単に「珍しい」「なかなかたどりつけない」というだけではない、秘境路線や秘境駅の新たな魅力が発見できることは間違いない。

また、本書では、地理的には秘境とはいえないものの、その存在自体が特殊な路線についても、第4章「都会を走る珍路線!?」で取り上げている。日々、地元で利用している人たちにとっては当たり前でも、他の地域からすれば「そんなのあり?」と驚きを感じるシーンがある。それらにもまた、裏事情や独自の歴史がある。

路線自体も駅も、年々減少する一方なのが、残念ながら日本の鉄道の現実ではある。特に、本書で取り上げているような秘境路線や秘境駅は、数年後にはなくなってしまう可能性が高いものも多い。現役路線にはぜひ、機会があれば足を運び、乗車してほしい。そしてその際には、本書で取り上げたエピソードが、きっと旅の楽しみをふくらませてくれるはずだ。

また、廃線や未成線にはそれぞれ、少なからず遺構が残っていたり、線路跡が整備されていたりする。現実にはその姿はなくとも、確かにそこには車両が走っていた時代があった。あるいは「いつか走らせたい」と目標を掲げ、それを目指した人々がいた。その痕跡を、本書をヒントにたどってゆくこともできるはずだ。

風来堂

秘境鉄道の謎●目次

第3章　秘境路線の難工事スポット

第4章　都会を走る珍路線!?

第5章　伝説の秘境廃線・未成線

第6章　降りたら最後!? 秘境駅

※各地図には国土地理院の「地理院地図(電子国土Web)」を用いています
※地図中の縮尺は大まかな目安です
※本書のデータは、特記ない限り2021(令和3)年3月時点のものです

本書に登場する主な鉄道用語

‰（パーミル）

「千分の一」を表す単位。鉄道では1000m進むと標高がどれくらい変わるかを示す際に使用する。1‰なら、1000mで1m標高が上下する。

ラッセル車

除雪車のこと。名前の由来は開発元のアメリカの会社、ラッセル社から。車の前部に鋤型の排雪版を備え、雪を片側、または両側にかき分けて進む。雪が少ない場所や豪雪地域で雪が少ない時期に活躍する。

信号場

分岐器や信号設備が設けられている停車場。乗客が乗り降りするための設備がなく、単線区間での列車の行き違いや列車の折り返しのために使われる。

スノーシェッド

線路をトンネルのように覆う造設物のこと。大規模な雪崩に線路や鉄道が巻き込まれないために、雪の吹き溜まりになりやすかったり、急斜面の下で落雪の多い場所などに設置されている。東北や北陸など、豪雪地帯の路線に多い。

臨時駅

通年ではなく、営業期間が限られている駅。スキー場、花見スポット、海水浴場など、季節限定の観光地や、お祭りやイベントの時期のみに開設されることが多い。

アプト式

急勾配を登るための仕組み。線路の中心に敷設されている歯状のレールと、機関車の床下に設けられた歯車を組み合わせて上り下りするのが「ラック式」で、その強化版がアプト式。山岳鉄道によくみられ、国内の現役路線では、大井川鐵道井川線が唯一採用している。

請願駅

地方自治体や地元住民、新駅周辺企業の要望により開設された駅のこと。首都圏だと武蔵野線の越谷レイクタウン駅などが挙げられる。

保線

線路の点検や砕石のつき固めなど、線路の維持管理を行い、運行に支障が出ないようにする業務。レールを用いる鉄道という交通システムには必須。

留置線

一時的に車両を停めておくための線路。運用中の車両の夜間滞泊などを行う。点検整備などを行う車両基地とは異なる。

BRT

バス・ラピッド・トランジットの略称。日本語では「バス高速輸送システム」とも。専用道を通過するため、一般的なバスに比べて速達性、定時性に優れている。一方で、線路がないため、維持管理の面では鉄道よりもコストがかからず、時代や状況に応じた改変もしやすいメリットがある。

第1章

日本の秘境鉄道 回顧録

明治以降の日本近代化の道程と歩みをともにした秘境鉄道開発史

明治の鉄道黎明の時代。最大の規模を備えた鉄道は北海道にあった。わが国で初めての鉄道は1872（明治5）年10月に、新橋駅と横浜駅の間で開業し、その翌々年の5月には、関西で初めての鉄道が大阪駅と神戸駅の間で開業した。鉄道は、徒歩で1日がかりとなる行程を1時間で結ぶ、それまでの日本にはなかった近代的な交通機関であったが、建設には膨大な手間が必要とされ、簡単に距離を延ばすことはできなかった。

明治初期は原野だった北海道にも石炭の搬出を目的に鉄道が開業

そのような中で、1880（明治13）年11月に、北海道で初めての鉄道が手宮《てみや》駅〜札幌駅間に開業する。北海道の鉄道は、東京、関西の鉄道とは目的を違えて建設された。東京と関西のそれは人を運ぶことを主な目的としていたのに対し、北海道の鉄道は石炭の輸送を目的として建設された。この鉄道を建設したのは官営幌内《かんえいほろない》鉄道で、現在は小樽市の一部となっている手宮駅の側から延ばされた路線は、札幌駅まで開通した翌々年の1882（明

明治初期に開業した主な鉄道経路

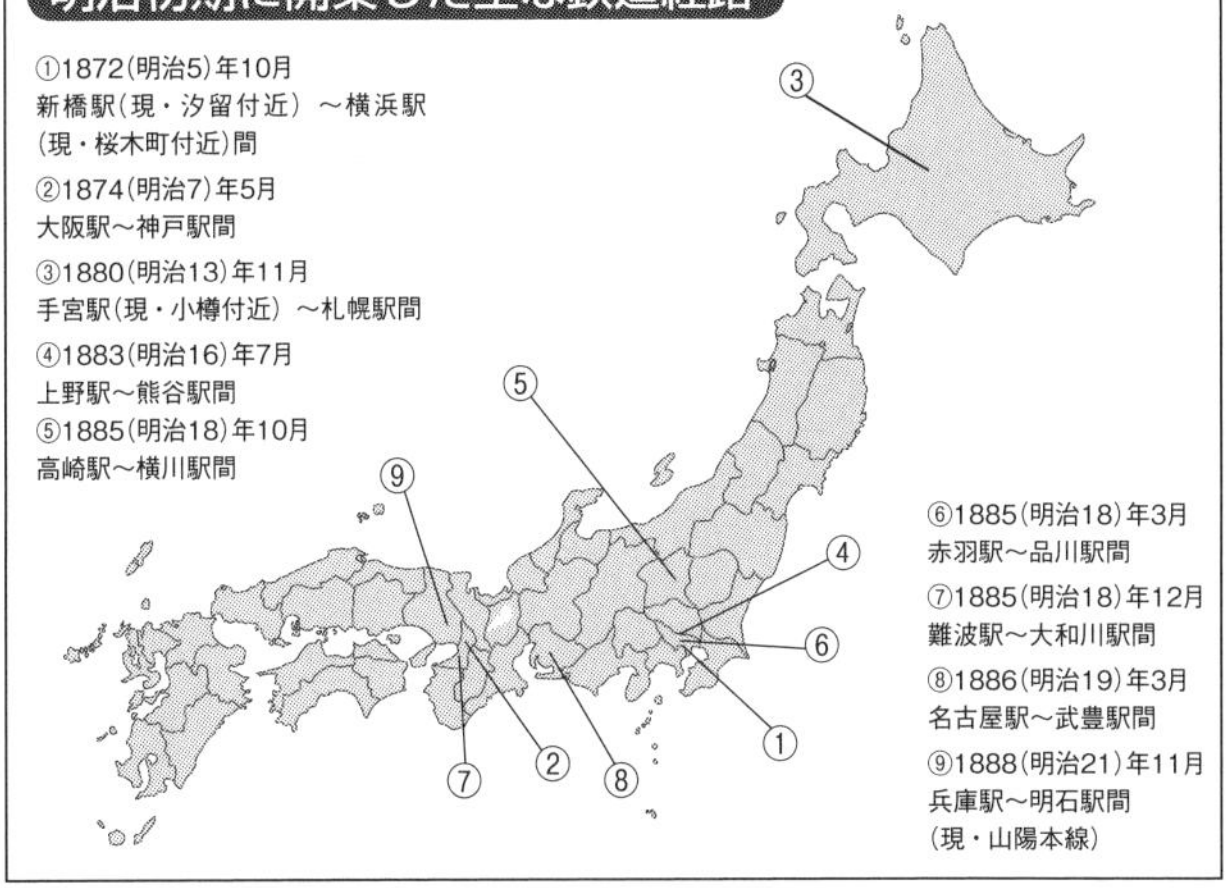

治15）年11月に幌内駅に達し、これで全線が開通。これが現在の幌内線となる。

手宮駅～幌内駅間の距離はおよそ90㎞で、その距離は東京の鉄道、関西の鉄道をゆうに凌駕するものだった。幌内鉄道は三笠地区で産出される良質の石炭を小樽の港に搬出するために建設された。当時の日本にとって、石炭は国力を根底から司る重要なエネルギー源とされ、それゆえに、辺境の地に鉄道の建設が急がれたのだった。

今は北海道の中心となる大きな都市となった札幌も、当時は数十戸の家が集まるにすぎない小さな集落であったという。人の姿を見ることも稀な未開の原野で鉄道の建設に携わった人たちの心持ちはいかばかりだったろ

1975（昭和50）年3月ころ、幌内駅付近を走る幌内線（写真：速水有人）

う。それは、きっと希望と不安が入り交じったものであったに違いない。

いち早く建設されたこの鉄道が、その後の北海道の発展に大きく寄与したことは間違いない。日本の鉄道は、その誕生から、秘境の開発に寄与したのだ。

都心部を中心に私鉄ブームが起こる

京浜間、京阪間、そして、北海道に建設された鉄道の存在が広く知られるようになると、日本に鉄道建設のブームが起こった。鉄道が備えた圧倒的な輸送力が、莫大な利益を生み出す将来有望な産業と目されるようになったのである。

ブームの〝走り〟とでも呼ぶべき存在と

1919(大正8)年に多摩川鉄橋を走る私鉄甲武鉄道(写真：佐藤元雄)

なったのが、大阪と堺の間に建設された阪堺《はんかい》鉄道で、その後を追うようにして、全国で民間資本による鉄道、すなわち私鉄が創設される。甲武鉄道もその一つだ。

明治政府は当初、私鉄の建設を認めようとはしなかった。民間資本によって鉄道が建設されるようになれば、それは採算性の高い都市部に集中するようになり、そのことが地域の格差を拡大するというのが政府の側の言い分だった。しかし、明治政府には全国に自前での鉄道を建設する財力はなかったこともあって、私鉄の建設が認められた。

明治期に誕生した鉄道には、その後、経営不振に陥って姿を消していった路線も数多い。確かに、鉄道は圧倒的な輸送力を備えた交通機関ではあったが、建設にも維持にも費用がかかり、沿線の過疎化が進んだり、交通の体系に変化が生じれば、たちどころに経営の危機に瀕する産業だったのである。

もっとも、この時代にはまだそこまでの見通しをそなえた者などはおらず、地方の有力者、有志が集まれば、鉄道を建設しようという動きが起こっていたのだった。それは、確かに全国に鉄道網を築く力にはなったものの、鉄道の存続を巡っての地域の分断を生む要因となってしまったことも事実だった。それこそは、運行に際して莫大なインフラの整備が求められる鉄道という産業の、避けることのできない宿命であったのだろう。

「鉄道敷設法」が全国の鉄道網拡大を強力に後押し

1892（明治25）年6月25日、その後の日本の鉄道の発展に大きな影響を与えることになる法律が公布された。それは「鉄道敷設法」と呼ばれるもので、全国の主要な幹線となるべき鉄道は国がこれを建設する、と定めたものであった。そして、中央本線、北陸本線、奥羽本線、山陰本線など、全国の主要な路線をこれに指定したのである。

国がこのような法律を定めた背景には、民間資本による鉄道の建設競争を抑制し、しかも採算性の見込める路線については、当初からこれを国有化しておきたいという狙いがあっ

1881（明治14）年に完成した建設当時の姿が残る旧北陸本線の小刀根トンネル

たといわれている。そしてもちろん、奥羽本線や山陰本線のような人口の少ない地域を走る長大な路線、建設に莫大な費用が要されるであろう路線については、この建設を国が計画的に進めることが念頭に置かれた。

確かに、奥羽本線や九州の肥薩《ひさつ》線（P102参照）のように、山岳地帯を貫く路線を民間資本で建設することには大きな困難が伴ったはずだ。明治期の鉄道建設で最も困難とされていたのが長大トンネルの掘削で、長さ1㎞を超えるほどのトンネルでさえ、当時の技術では困難だった。そのうちの一つ、遺構として今も残される小刀根トンネルは有名だ。

そこで、山越えの路線はルートを慎重に選び、長い迂回を繰り返しながら、坂を登り続け、サミットの直下になってようやくトンネルが掘られるという手法が採られた。この時代に建設された鉄道には、北陸本線旧線（P91参照）のように、短いトンネルが連続するものや、京都の東にそびえる逢坂山《おうさかやま》トンネルのように、さほど大きくない山に数多くのトンネルが掘られてしまったものもある。いずれも、ルート設定に自由度がなかったゆえの、やむを得ない選択だったのだろう。しかし、技術がなかったがゆえに、遠回りのルートを選択してしまった鉄道は、のちになって大きな負荷を生むことになる。

この時代の鉄道建設工事では、今ほど技術がなかったこともあり、苦難の連続となった工事現場も多かった。九州の鹿児島に向かう幹線は、のちの鹿児島本線となる海沿いのルートではなく、熊本県から鹿児島県にかけて広がる山岳地帯を経由することが定められた。現在の肥薩線のルートがそれである。

それは、線路が海沿いにあれば、有事の時に敵国の艦砲射撃によって破壊される恐れがあるとした軍部の考え方と、この地方の海岸線は地盤が脆弱で、鉄道の建設が難しいとされた二つの理由によって選ばれたものだった。いわば、政治的な理由と、当時の技術力の問題という両面から、比較的平坦な海沿いでなく、山岳部を貫く路線が選定されたわけだが、深い山を越える鉄道の建設は困難を極めた。熊本と鹿児島の県境近くにある大畑《おこば》駅の構内には、工事で亡くなった人を慰める慰霊碑が今も建っている。

同じような逸話は全国に数多い。一般に車窓風景の美しい路線は、秘境を走るがゆえに営業成績は芳しくなく、これまでにも存続の危機にさらされてきた。肥薩線も車窓風景は美しく、大畑《おこば》駅の近くには「日本三大車窓」と書かれた看板も建っているが、今は、２０２０（令和2）年7月の豪雨によって、全線が運休となっている。

地域住民の足として活躍する軽便鉄道

軽便鉄道と書いて「けいべんてつどう」と読む。その名の通り、軽便、簡便な規格によって建設された路線の総称である。軽便鉄道の定義はいろいろと複雑だが、多くの鉄道が一般的な鉄道よりも狭い線路幅を採用し、したがって建設費用を安く抑えることができ、車両は小さく、したがって輸送力も小さい。日本でも、早くも明治初期にはこの規格で造られた鉄道が存在していたが、全国的な発展を見るのは、明治末期から大正初期にかけてであった。その多くは森林資源や鉱山資源の運搬に使用され（ただし石炭については、より大きな輸送力が求められることから、一般的な規格の鉄道が建設されることが多かった）、そのかたわらに旅客輸送を行った路線は多く、また、当初から旅客輸送を主眼に建設され

北軽井沢駅に停車する草軽電気鉄道（写真：黒岩 謙）

た軽便鉄道もあった。

日本を代表する軽便鉄道の名をあげるなら、それはやはり木曾《きそ》森林《しんりん》鉄道ということになるだろう。この名前は路線の正式な名称ではなく、長野県の木曾谷《きそだに》と呼ばれる地域に路線網を延ばしていた営林局管轄の鉄道の総称である。最盛期には10カ所の営林局の管轄を受け、路線の総延長は４００㎞に達していたという。新幹線の線路の幅が１４３５㎜に対して、７６２㎜という日本の軽便鉄道のスタンダードともいえる幅の線路を有した。したがって車両も小さかったが、連日、森林資源を運搬する長大な列車が運転されたばかりでなく、地元の子どもたちを運んだ通学列車や、山で働く人の身だしなみを整えるために車両の中に理髪店と同じ設備が備えられていた理髪車なども運転され、知る人ぞ知る存在となっていたのである。

全国にはこのような軽便鉄道が数多くあり、地域の住民や、林業、鉱業の従事者に重宝な存在となっていた。草軽電気鉄道は、長野県の新軽井沢駅と群馬県草津温泉駅を結ぶ鉄道路線を運営していた。現在は、草軽交通というバス会社として残っている。

そんな軽便鉄道も、昭和中期までにそのほとんどが姿を消してしまった。いうまでもなく、トラック、自家用車の普及によるもので、森林資源、鉱山資源が輸入品との価格競争に勝てず、衰退の一途をたどったことも大きな影響を与えた。秘境鉄道の代表格ともいえた軽便鉄道が走っていた山は、鉄道が姿を消した後は、単なる秘境となってしまった。

昭和中期から赤字ローカル線の廃止が続出

昭和中期が曲がり角となったのは、軽便鉄道だけではなく、日本の津々浦々に延びていたローカル線についても同じだった。

やはり、地域の過疎化と車の普及によって、利用客が減り続け、経営状態は悪化の一途をたどったのである。この時代には産業構造の変化や、都市への人口集中によって、地方都市、町村の疲弊が顕著化しつつあったが、それでもまだ、地域振興を旗印として整備、建設が続けられていた路線もあった。

その一例となる、北海道東部の太平洋に面する白糠《しらぬか》町から北に延びる白糠線が開通したのは1964（昭和39）年10月7日のこと。当初は上茶路《かみちゃろ》止まりだった路線は、1972（昭和47）年9月8日には北進《ほくしん》駅まで延伸された。この時代には、経営赤字から脱却することができず廃止になっていた国鉄ローカル線もあったが、白糠線は北進からさらに北へ延び、最終的には地北線の足寄《あしょろ》駅を経由してさらに西へと続き、十勝地方を横断。根室本線の新得《しんとく》駅に達して、根室本線のバイパスとなるという、雄大な計画の下に建設が始められた路線だった。終着駅の北進駅の所在地は白糠町であったが、この路線がさらに北へ延びることを願って、駅の名前が付けられた。

しかし、住民のこの夢が叶うことはなく、白糠線は1983（昭和58）年10月23日に廃止となったのである。この廃止は経営状態が極端に悪化していた国鉄を救済すべく施行された「日本国有鉄道経営再建促進特別措置法（国鉄再建法とも）」に則って進められたもので、法が制定されたことによって、国鉄は全国の赤字ローカル線を粛々と廃止してゆくことができるようになった。そして、最終的には83もの線区が廃止され、バス輸送か、新た

白糠線　当時の沿線マップ

に立ち上げられた第三セクター鉄道に転換されることになった。

白糠線はその先陣を切る形で廃止されたのである。十勝地方を横断する構想は文字通り夢と消えたが、北進駅という終着駅へのネーミングにも、地元住民が、鉄道が消える日が遠からず来ることを薄々と感じ取っていたのかもしれないことが窺える。

鉄道は、いつの時代にも、政治の道具として利用され続けてきた。人口の過疎地帯に鉄道を建設すれば、それが新たな赤字を生み出すことは明白だったが、それでも、少なくない数の地方出身の代議士が鉄道の建設を強力に働きかけた。新規の鉄道の建設が選挙の際の票に結びつき、自らの地位が安泰となるからだった。この手法は我田引水という諺をもじって「我田引鉄」と揶揄されたが、そんな事例が数多く見られたのが、昭和の日本だったのである。

この頃、赤字経営だった国鉄のローカル線の多くが廃線となった。その中で地元住民の足となる一部の鉄道は、地元の自治体や私鉄が出資をして、第三セクターに転換された。その一例が、秋田内陸縦貫鉄道である。

秘境の開発を旗印に掲げて強引に建設された鉄道は、非採算性を理由に、やはり住民の同意を得ることなく廃止された。それでもなお、国鉄は経営を改善することはできず、結局は、1987（昭和62）年3月末日をもって消滅し、翌日には、民営会社としてのJRが発足したのである。その後に残されたのは線路を失った秘境だけだった、という形容は詩的に過ぎるだろうか。

公共交通の先駆者だったゆえに速達化が困難に

多くの鉄道が生まれ、その中のいくつもが消えていった中で、堅実に路線を延ばしてきたのが、全国を走る新幹線だ。高速運転に特化したこの鉄道は、直線の線路を築く。10㎞を超える長大なトンネルの掘削もいとわない現代の技術が、このスタイルを可能にした。

荒瀬川橋梁を走る第三セクターの秋田内陸縦貫鉄道（写真：ちゃり鉄.JP）

思えば、明治、大正、昭和初期に建設された現代の主要幹線は、当時の技術でルート設定がされているだけに、時には大きな迂回がなされ、列車の速達化の妨げとなっている。それが、後から誕生し、直線的なルートを採っている高速道や、航空機との競争に勝てない原因となっているのは皮肉なことである。

国鉄から鉱山鉄道まで廃線復活の兆しも

近年の興味深い事象は、廃線になった鉄道を復活させようという動きが全国で起こっていることだ。廃止となった線路の上に、かつて使われていた車両を再整備して動かした岐阜県神岡町《かみおかちょう》の例や、その同じ線路の上を普段はレールの上を走る自転車を動かしてア

道路網が整い、1991（平成3）年に廃線となった下津井電鉄（写真：風間克美）

ミューズメントパークとしている「レールマウンテンバイク」、廃線となった国鉄美幸《びこう》線の跡を電動機付きの自転車で走る「トロッコ王国美深《びふか》」、集落の中心の空き地に線路を敷き直し、かつて運転されていた鉱山鉄道の車両の運転を始めた兵庫県明延《あけのべ》、寄り合いで意気投合した有志が、村のシンボルだった軽便鉄道のレプリカを作り、円形の線路を敷いて運転を始めた高知県馬路村《うまじむら》の例などのイベントが、各地で行われ始めている。

これらの事象が意味するのは、多くの人が今もなお、秘境と呼べる地にありながら沿線の住民を守るべく走り続けた鉄道に深い愛着を持っているということだろう。鉄道にはそんな力が備わっている。

第2章
絶滅が危惧される秘境路線

極寒ニモマケズいまだ運行継続中

JR宗谷本線《そうやほんせん》

日本最北端の宗谷岬がある北海道稚内《わっかない》市。ロシア語表記の看板も目につく異国情緒漂う港町は、「日本最北端」推し。宗谷岬に立つ三角錐のデザインで知られる「日本最北端の地の碑」から海を隔てること約43㎞先には、ロシアのサハリンが見える。

宗谷本線は1898（明治31）年、旭川駅〜永山《ながやま》駅間の開通を始まりとする。1903（明治36）年に名寄《なよろ》駅まで延伸、1922（大正11）年に名寄駅からオホーツク海側で廃駅の浜頓別《はまとんべつ》駅を経由して、現在は南稚内駅となった稚内駅に到達している。現在の宗谷本線の形になったのは、1930（昭和5）年のことだ。

開業年月日
1898(明治31)年8月12日

営業キロ
259.4㎞

駅数
41駅

線種
全線複線

電化方式
20000V・50Hz
架空電車線方式 非電化(北旭川駅〜稚内駅間)

輸送密度
旭川駅〜名寄駅間:686人
名寄駅〜稚内駅間:92人
※2020(令和2)年

かつて港に直結していた稚内〝桟橋〟駅

以前、サハリンは樺太《からふと》と呼ばれ、1904（明治37）年の日露戦争以後の南樺太には、およそ42万人もの日本人が生活していた。その人々の往来のため、1923（大正12）年、

JR宗谷本線　沿線マップ
稚内駅
（北海道稚内市中央3-6-1）
N
20km
天塩川の渓谷に沿ってしばらく進むと、車窓からサロベツ原野や牧草地帯が見える
音威子府駅の名物「音威子府そば」は、駅前の「道の駅おといねっぷ」で食べられる
塩狩駅は、2021（令和3）年に廃止の可能性も示唆されたが、和寒町の自治体による維持管理により存続することになった
（写真：北海観光節）
旭川駅
（北海道旭川市宮下通8-3-1）

稚内駅と現在のコルサコフの大泊《おおどまり》駅間に稚泊《ちはく》航路という鉄道連絡船が開設されていた。道内外から鉄道で稚内駅までやって来た人たちは、稚内桟橋駅から船に乗り込んだ。

終戦を迎えた後に連絡船、桟橋駅は消滅。残った防波堤ドームは、旧樺太航路時代の記憶を残す場所として、鉄道ファンを中心に人気が高い観光スポットとなった。

真っ赤なラッセル車が冬期の鉄路を守る

区間のほとんどが「特別豪雪地帯」に入っている宗谷本線にはもう一つ、鉄道ファンが注目する列車がある。それが線路の排雪を担うラッセル車だ。

ディーゼル機関車に特殊なラッセルヘッドを装着し、線路上の雪を跳ね飛ばしながら進む様子を見ることができる。積雪の多い12月中旬から3月中旬にかけて、ラッセル車がほぼ毎日昼間に走るのは全国でもここだけ。

鉄道ファンたちは、撮影スポットに先回りしながら、真っ白な雪と真っ赤な車体のコントラストを写真に収めようと腐心する。

ラッセル車は、出発する旭川駅で狙う手もあるが、旅客車両ではないので、詳しい運行時間などは公開されていない。

自然の中を駆け抜ける宗谷本線（写真：北海観光節）

2021（令和3）年3月に廃駅となった北星駅の待合室（写真：北海観光節）

名寄を境界に南北で明暗が分かれる

北海道の厳しい冬を味わってこそ、本来の姿が見えてくる宗谷本線。「単独で維持することが困難な線区」に含まれる全長259・4㎞の長大な赤字ローカル線は、いつまで存続できるだろうか。2021（令和3）年3月、ダイヤ改正では12駅が廃駅となり、17駅はJR北海道から自治体へと維持管理を移行することになった。

該当駅のほとんどは、名寄から北の宗谷管内だ。名寄以南は駅の削減とダイヤの調整、そして老朽化したキハ40形に替わる新型車両H100形の投入により、約30分のスピードアップを実現させた。

しかし、名寄以北はローカル列車のままなのだ。

旭川駅〜稚内駅間を車で走ると、宗谷本線とほぼ平行に走る国道40号で4時間10分、日本海側の国道232号を使っても4時間30分。特急列車は4時間弱とあまり変わらないが、普通列車の場合は6時間ほどかかる。

地元に住む人は、車を使った方が移動に便利なのは確かだ。しかし、近隣の住人や鉄道ファン以外の人にも、車窓から見える季節ごとの田園風景や渓谷、原野や牧場の景色を堪能して欲しいものだ。

12駅消滅でもまだまだ走る！

JR石北本線《せきほくほんせん》

２０１６（平成28）年、ＪＲ北海道は民営化以来継続する赤字経営により、国の支援を受ける中、「単独で維持することが困難な線区」を発表。このギブアップリスト10路線13線区の中に、石北本線は含まれていた。

石北本線は、新旭川駅～網走駅を最短でつなぐ全長２３４㎞のルート。元は、新旭川駅～遠軽《えんがる》駅間の石北線、遠軽駅～北見駅間の湧別《ゆうべつ》線、北見駅～網走駅間の網走線が結合し完成した路線で、北海道の大屋根、最難所といわれる大雪山系北側を越えてゆく。

この発表があった年、３月のダイヤ改正と同時に路線内の上白滝《かみしらたき》駅、金華《かねはな》駅が信号場に降格、旧白滝駅、下白滝駅が廃駅になった。それより以前に、天幕《てんまく》駅が廃駅、中越《なかこし》駅・上《かみ》越《こし》駅・奥白滝駅が信号場に降格していた。加えて２０２１（令和３）年の3月ダイヤ改正で、さらに4駅廃止が決定。最初は全44駅で、７駅が廃駅、５駅が信号場に降格した。

注目すべきは、消えた12駅中7駅が、旧石北線内である上川《かみかわ》駅～遠軽駅間に集中してい

開業年月日
1912（明治45）年10月5日

営業キロ
234.0㎞

駅数
34駅

線種
全線単線

電化方式
全線非電化

輸送密度
新旭川駅～上川駅間：505人
上川駅～網走駅間：321人
※2020（令和2）年

ること。この範囲は「白滝」がつく奥白滝駅・上白滝駅・白滝駅・旧白滝駅・下白滝駅の5駅が連続して並ぶ「白滝シリーズ」を含み、「1日1往復の駅」が多い超ローカル区間。複数の駅がなくなったことで、上川駅〜白滝駅の一駅間は新幹線並みの37・3㎞も空いた。

囚人を召喚して行った鉄道工事にまつわる暗い過去

ここで、1891（明治24）年に話は遡る。

気候も地形も厳しいこの地に、鉄道より先に造られたのが旭川駅〜北見駅〜網走駅間を横断する総延長169・9㎞の中央道路だった。北海道の開拓は、当時の政府がロシアの南下政策に対抗すべく、国防のために乗り出したものだ。中央道路は囚人たちを動員し、突貫工事の末に完成させたが、監視と暴力が横行して数多くの死者・病人を出したため、別名「囚人道路」と呼ばれた。

石北本線も同様に、最難所といわれた標高857mの北見峠に掘った石北トンネル、そして25‰の急勾配をゆく標高347mの常紋《じょうもん》峠を越える常紋トンネルにおいても、不当な募集により集められた「タコ部屋のタコ人夫」という労働者を使い、完成させている。彼らは前述の囚人同様、凄惨な扱いを受けていたという。

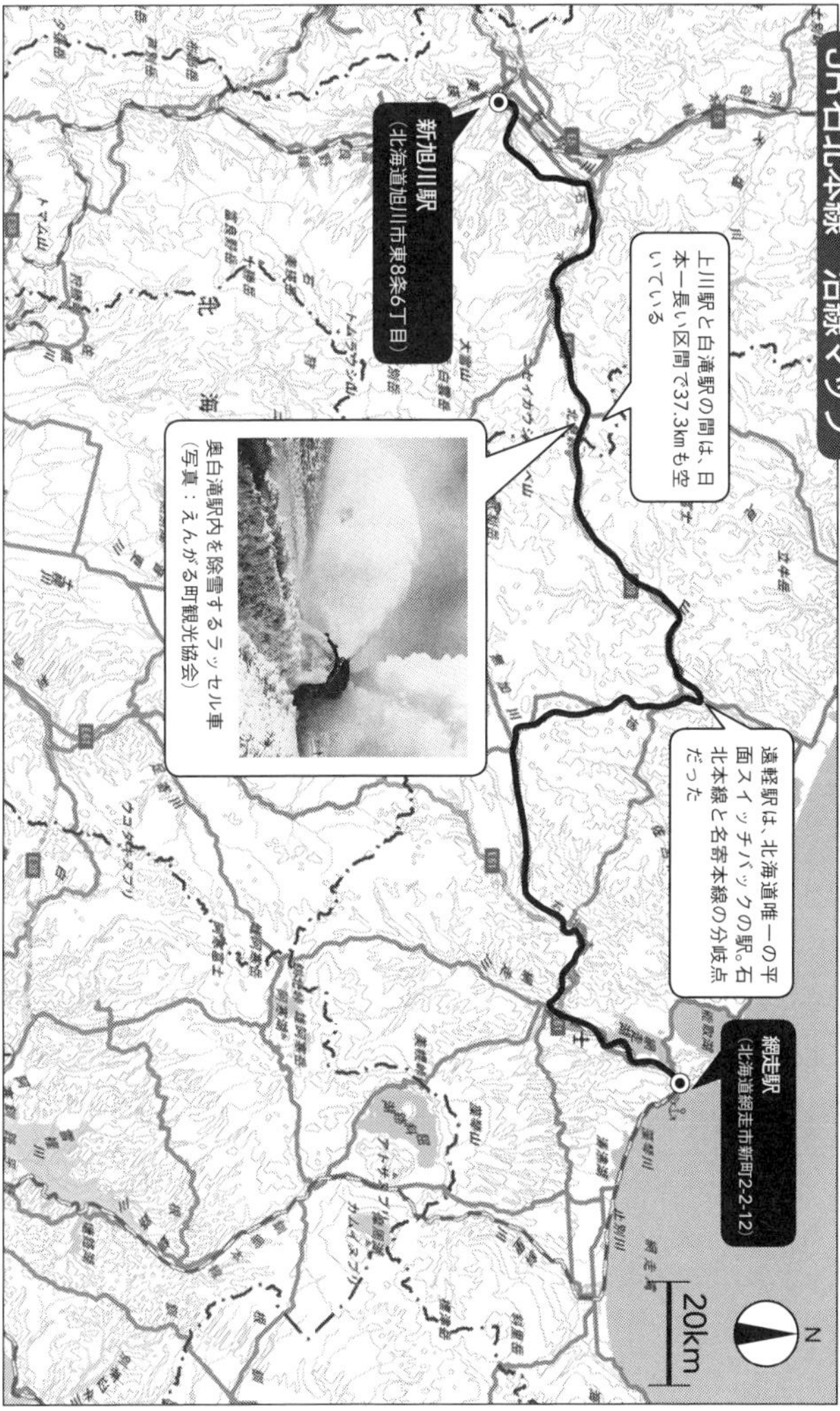
JR石北本線　沿線マップ
新旭川駅
（北海道旭川市東8条6丁目）
上川駅と白滝駅の間は、日本一長い区間で37.3kmも空いている
奥白滝駅内を除雪するラッセル車
（写真：えんがる町観光協会）
遠軽駅は、北海道唯一の平面スイッチバックの駅。石北本線と名寄本線の分岐点だった
網走駅
（北海道網走市新町2-2-12）
N
20km

山岳地帯の沿線から住民が減り低空飛行が続く

明治から大正にかけて過酷な開拓・敷設を成し遂げ、石北本線は1932（昭和7）年に全線が開通。現在は、超過疎地域である白滝地区も、路線開通以降は林業や鉱山事業・農業などが盛んになり、駅前には国鉄官舎が建ち、商店や旅館などが営業していた。しかし、1955（昭和30）年ごろから徐々に衰退は始まった。

廃駅または信号場になった駅周辺には、かなり以前から住民はいない。あるのは熊が住み着く果てしない原生林だけ。冬は豪雪の山岳地帯なので、そもそも最初から人を容易には受けつけないスポットが多い路線だ。

石北本線は特急列車「オホーツク」や「大雪」、特別快速「きたみ」ほか、玉ねぎなど、農産物を運ぶ貨物列車も走る道内の大動脈なことに変わりはない。人口33万人の旭川、11万人の北見を抱える路線でも、輸送密度は昭和50年代と比べて4分の1以下。道路や都市間バスの普及、寒冷地ならではの積雪や凍結による保守・点検・維持が極めてコスト高。また、特急気動車と女満別《めまんべつ》トンネル設備の更新や人口減少など、問題は山積だ。

JR北海道は2031（令和13）年度の経営自立を目指しながら、国・道・駅のある九つの自治体に協力を求めているが、広範囲なだけに調整はついていない。

雪道を走る鉄道のころの石北本線（写真：えんがる町観光協会）

2021（令和3）年3月に廃駅となった旧白滝駅（写真：えんがる町観光協会）

日本で一番短い「本線」の運命は⁉

JR留萌本線《るもいほんせん》

内陸にある深川駅から西へ進み、日本海にぶつかると、留萌駅。乗り換えて荒波が立つ海沿いの町、増毛《ましけ》駅へとつながっていたのがＪＲ留萌本線だ。

２０１６（平成28）年12月4日、留萌本線の留萌駅〜増毛駅間、増毛線ラストランの夜が来た。廃止発表以降、11月から走ったお別れ臨時列車を一目見ようと鉄道ファンが多数訪れ、「廃線フィーバー」が起こっていた。最後の列車は超満員で、増毛線は95年の歴史に終止符を打ち、留萌本線は行き止まりの盲腸線となった。

留萌本線は１９１０（明治43）年に、深川駅〜留萌駅が開業。鉄道と同じく、留萌発展の重要な役割を果たした港は、近代的築港を目指し、この年に工事を開始。明治中期には交通・商業の要衝として栄えていたが、留萌海岸はインドのマドラス、スコットランドのウィックに並ぶ世界3大波濤の一つに数えられるほど波が大きい。特に冬の日本海は時化《しけ》がひどく横風が吹くので、影響を受けないように築港工事が進められた。

開業年月日
1910（明治43）年11月23日

営業キロ
50.1㎞

駅数
12駅

線種
全線単線

電化方式
全線非電化

輸送密度
78人
※2020（令和2）年

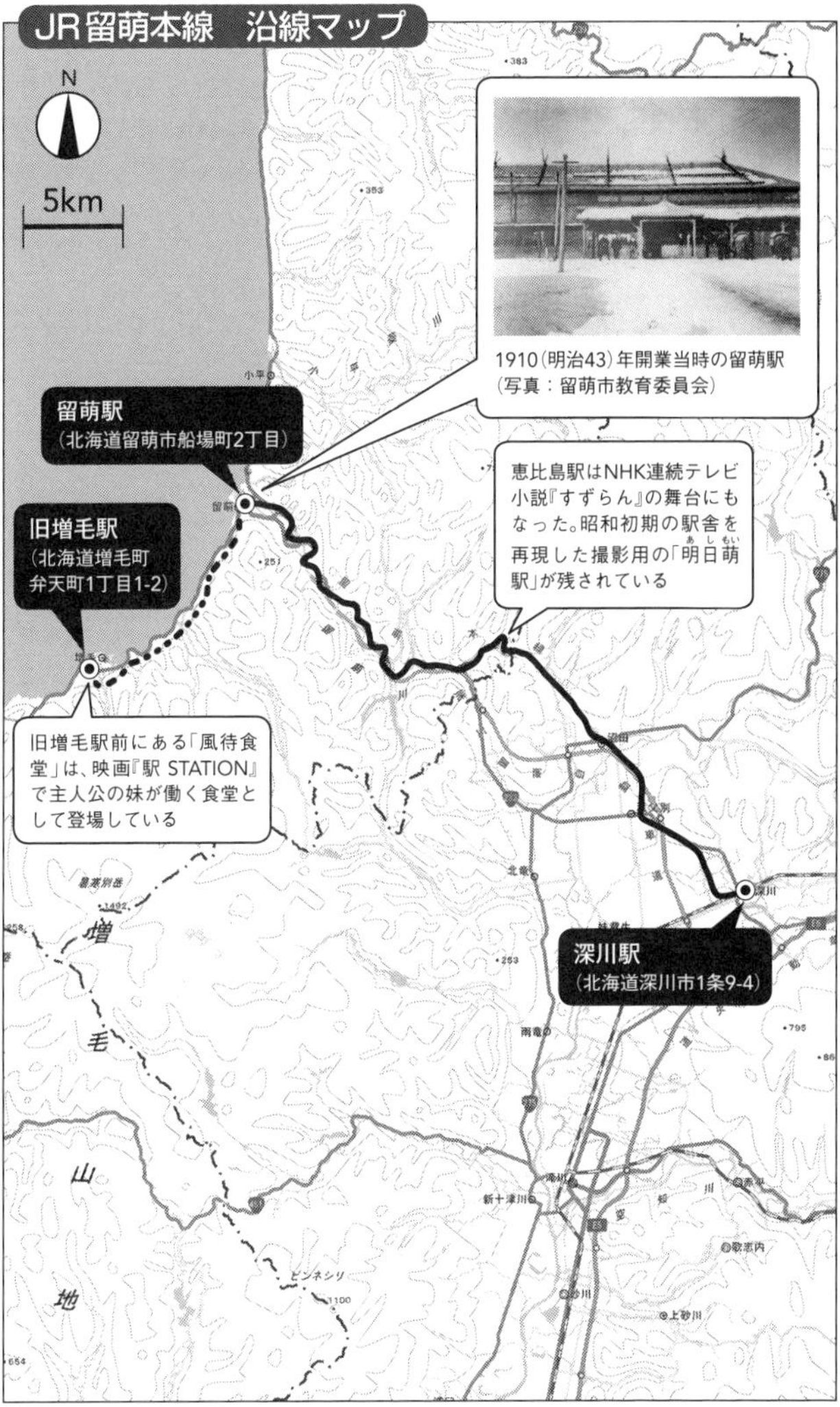
JR留萌本線　沿線マップ
N
5km
1910(明治43)年開業当時の留萌駅
(写真：留萌市教育委員会)
留萌駅
(北海道留萌市船場町2丁目)
旧増毛駅
(北海道増毛町
弁天町1丁目1-2)
恵比島駅はNHK連続テレビ小説『すずらん』の舞台にもなった。昭和初期の駅舎を再現した撮影用の「明日萌《あしもい》駅」が残されている
旧増毛駅前にある「風待食堂」は、映画『駅 STATION』で主人公の妹が働く食堂として登場している
深川駅
(北海道深川市1条9-4)
増
毛
山
地

それまで増毛町にあった支庁は1914（大正3）年、開発が進む留萌町へと移転。留萌町は、留萌支庁と改称され、天塩《てしお》地区随一となった。

映画やドラマの舞台で脚光を浴びたことも

留萌本線が増毛駅まで延線して全線が開通したのは1921（大正10）年のこと。当時、増毛町は、政治・経済・文化の繁栄にも勢いがあったそう。

増毛駅まで来た鉄道は、そのまま海岸沿いに南下して札幌まで延ばす計画があった。しかし、なかなか実現しないまま1955（昭和30）年を境に、増毛エリアの繁栄を支えていたニシンが海から姿を消した。さらに炭鉱の閉山も相次ぎ、増毛町だけでなく連鎖的に留萌市、留萌本線沿線の町は廃れていった。

だが、明るい話題もあった。増毛駅周辺は1981（昭和56）年に製作された高倉健主演の映画『駅 STATION』、恵比島《えびしま》駅は1999（平成11）年4月から放送されたNHK連続テレビ小説「すずらん」の舞台になり、「SLすずらん号」を走らせるほどの人気を博した。増毛駅には映画の撮影のために使用した駅舎や食堂など、恵比島駅は架空の「明《あ》日萌《しもい》駅」が観光スポットとして残されている。

乗車客で賑わっていた当時の留萌本線（写真：留萌市教育委員会）

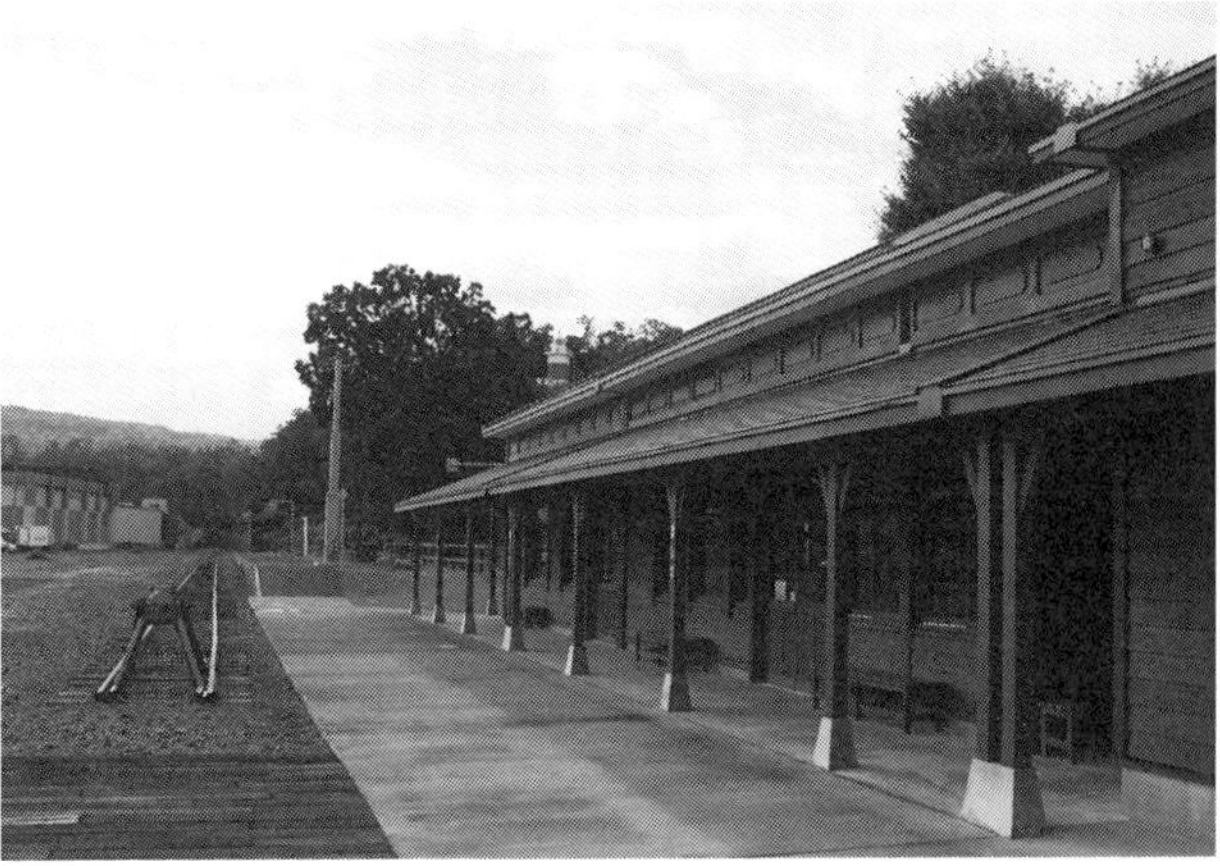

2020（令和2）年10月の増毛駅（写真：ちゃり鉄.JP）

歴史的路線の行く末はいかに

留萌本線は増毛線の廃止時、本線を名乗るものとしては最も短く、全長が50・1㎞だった。当時、優等列車の運行はなく普通列車が1日7往復を走っていた。

1987（昭和62）年には留萌駅から延びていた羽幌《はぼろ》線、1995（平成7年）には深川駅から延びていた深名線、2020（令和2）年には石狩沼田駅から延びていた札沼《さっしょう》線が廃止。幹から延びていた枝葉はすべて折れ、残った幹も立ち枯れ寸前。昭和50年代から輸送密度は12分の1に減少し、2019（令和元）年度の営業係数ワースト5中の2位となった。さらに「単独で維持することが困難な線区」でもある。

全道各所で見られるように、バス転換や道路の整備はどんどん進む。廃止された留萌駅～増毛駅間は景色のよい通称「日本海オロロンライン」こと国道231号がコースを同一にしており、都市間バスも充実。2020（令和2）年3月に全線開通した深川留萌自動車道で、札幌ほか主要都市へダイレクトに行くことができるようにもなった。

2018（平成30）年、留萌市長の呼びかけで「JR留萌本線沿線自治体会議」を発足させ、深川市・沼田町・秩父別町《ちっぷべっちょう》と協議の結果、路線内の一部廃止を容認するまでには至った。今後、一つでも多くの駅をつなぎとめて欲しいものだ。

陸の孤島を一本の線路がつなぐ！

三陸鉄道《さんりくてつどう》リアス線

開業年月日	1984（昭和59）年4月1日
営業キロ	163.0km
駅数	41駅
線種	全線単線
電化方式	全線非電化
輸送密度	554,085人 ※2019（令和元）年

２０１９（平成31）年３月23日、ついに岩手県沿岸部が１本の鉄道で結ばれた。甚大な津波被害をもたらした東日本大震災から８年。すでに運行を再開していた宮古駅～久慈《くじ》駅までの北リアス線と、盛《さかり》駅～釜石駅までの南リアス線の間を走っていたＪＲ山田線が、三陸鉄道に経営移管。これにより、盛駅～久慈駅までの１６３㎞が「三陸鉄道リアス線」として生まれ変わったのだ。日本最長の第三セクター鉄道の誕生の瞬間でもあった。

開業当日、釜石駅～宮古駅間では、記念列車による４往復のみの運行だったため、駅にも沿線にも大勢の人が詰めかけた。

43のトンネルと197の橋梁で地形の壁を突破

１８９６（明治29）年６月には、高さ30ｍに達する明治三陸津波が襲来。その復興のため、翌月、当時の逓信《ていしん》大臣に「三陸鉄道創立申請書」を提出。実現には至らなかったものの、この構想が「三陸縦貫鉄道構想」へと発展し、のちの三陸鉄道開業へとつながる。

岩手県内で初となる路線が、八戸駅〜久慈駅間の八戸線で1930（昭和5年）開通。津波高28mを記録した1933（昭和8年）の昭和三陸地震の2年後にあたる、1935（昭和10）年に完成した。次いで、1939（昭和14）年には山田線の宮古駅〜釜石駅間も開通した。戦後、盛駅〜釜石駅間、宮古駅〜久慈駅間の三陸沿岸を鉄道でつなぐ三陸縦貫鉄道構想が具体化。調査線に編入後、1966（昭和41）年、工事に着手した。

三陸地域の沿線は、リアス海岸特有の入江や岬が複雑に入り組んだ屈曲な地形の連続。総距離の6割がトンネルで、その数は、北リアス線で43カ所、橋梁は197カ所と、数が多い。また、線路が周辺の土地よりも高い位置にあるのは、人を守ることもできる防潮堤の役割も果たしているためだ。

鉄道会社の設立が功を奏して念願の路線が開業

高度経済成長期に入り、岩手県内で未成区間だった宮古駅〜田老《たろう》駅間をつなぐ宮古線が1972（昭和47）年に完成。さらに、盛駅〜吉浜駅間を走る盛線、普代《ふだい》駅〜久慈駅間の久慈線と開業が相次いだ。ところが、三陸縦貫鉄道の全通を目前にして国鉄の財政悪化に

三陸鉄道リアス線　沿線マップ❶
N
5km
久慈駅
（岩手県久慈市中央3-38-2）
白井海岸駅は秘境駅としても知られるが、列車は上下とも約1時間ごとに停車する（P168参照）
久慈駅構内「三陸リアス亭」で1日20個が限定販売される「うに弁当」
堀内駅はNHK人気ドラマ『あまちゃん』のロケでも使われた
宮古駅
（岩手県宮古市宮町1-1-80）
上
手
↓P45へ続く

より、建設が凍結。さらに、1980(昭和55)年には「国鉄再建法」が成立。利用者の少ない「特定地方交通線」は国鉄から切り離し、新たな鉄道会社を作って生き残るか、バスへの転換かを迫られる事態になった。不採算路線に名前が挙がったのは、開通間もない盛線、宮古線、久慈線の3線。地元を愛する住民の喜びは、一気に落胆に変わった。

これを受け、岩手県と関係市町村が協議し、1981(昭和56)年、三陸鉄道株式会社を設立。田老駅~久慈駅間及び吉浜駅~釜石駅間のレールの整備を終え、1984(昭和59)年4月1日に、三陸鉄道北リアス線と南リアス線は開業。日本初となる国鉄地方交通線転換の第三セクター鉄道が誕生した。初年度から黒字で、しばらく堅調な経営状況が続いたが、開業10周年の1994(平成6)年、赤字に転落。自家用車の普及、少子化で通学客が減少したからだろう。

震災の被害甚大なるも驚異の復活劇

そして、2011(平成23)年3月11日。東日本大震災による津波が、三陸の地を襲う。このとき走行中だった北リアス線の車両は、白井海岸駅を発ってすぐ停止命令の無線を受けて停車し、事なきを得た。そして、南リアス線の車両も鍬台《くわだい》トンネル内で急停車。ただ、

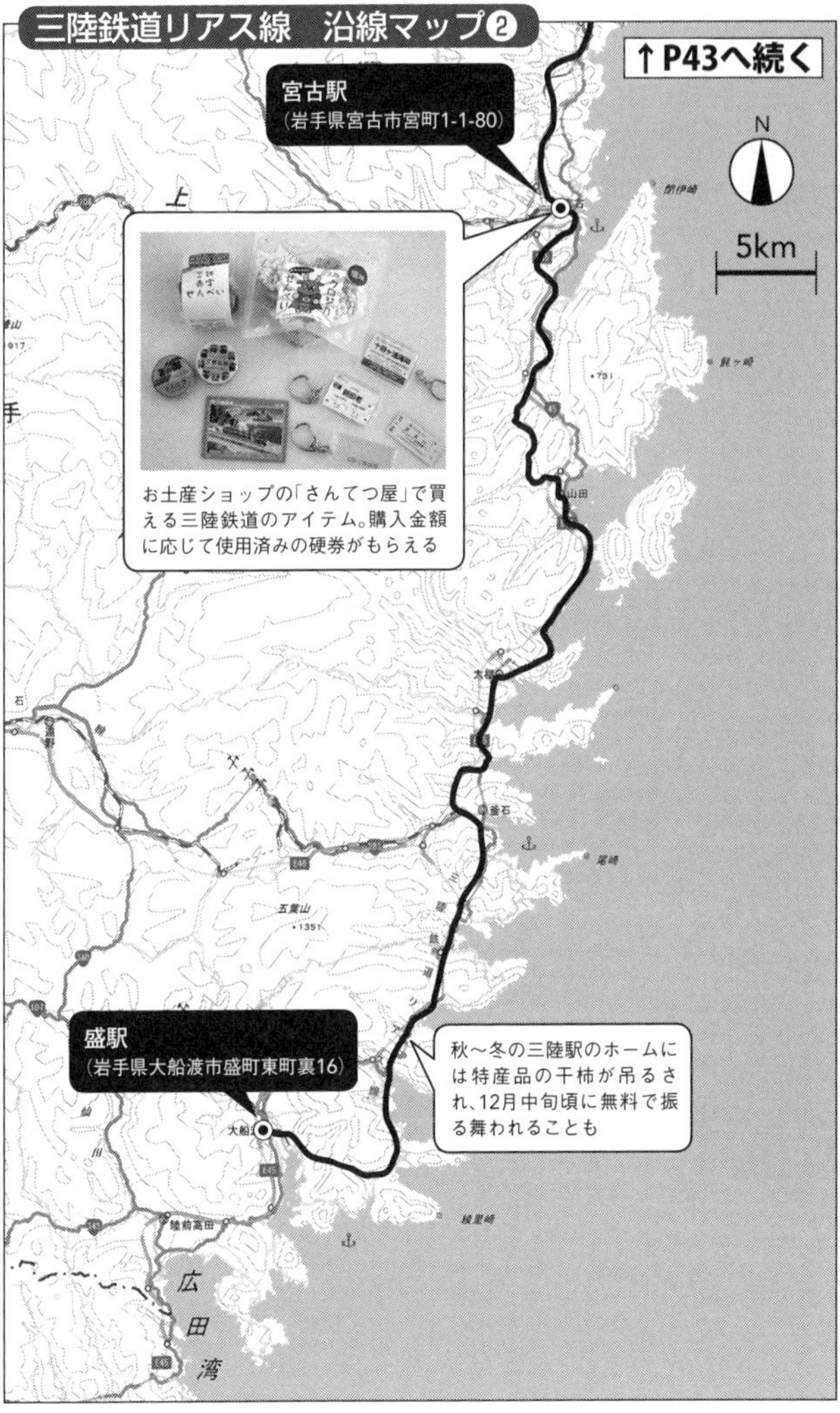
三陸鉄道リアス線　沿線マップ❷
↑P43へ続く
宮古駅
（岩手県宮古市宮町1-1-80）
N
5km
お土産ショップの「さんてつ屋」で買える三陸鉄道のアイテム。購入金額に応じて使用済みの硬券がもらえる
山田
釜石
五葉山
1351
盛駅
（岩手県大船渡市盛町東町裏16）
秋～冬の三陸駅のホームには特産品の干柿が吊るされ、12月中旬頃に無料で振る舞われることも
陸前高田
広田湾

アワビで有名な吉浜の漁村を走る二両編成

トンネルを抜けた先にあった荒川橋梁は津波で流されたため、あと数分遅ければ……。奇跡的に職員も乗客も全員無事だった。

震災の翌々日に大津波警報が解除されると、すぐさま線路と車両の点検・整備をして、地震発生の5日後には、久慈駅〜陸中野田駅間で運転を再開。しかも、2011（平成23）年3月31日までは運賃が無料とする心遣いもあった。さらに、レール上に瓦礫がある箇所は自衛隊に撤去を要請。宮古駅〜小本《おもと》駅間も3月中に開通した。そのほかの区間は、復旧に100億円以上かかるとの見通しだった。その後、国の支援で費用が拠出され、2014（平成26）年、ようやく全線復旧を果たした。

盛駅は三鉄とJR（現在はBTR）の乗り換え駅

恋し浜駅の駅舎には願いを書いた名物の貝殻が吊るされている

大水害から10年ぶりに夢が叶う

JR只見線《ただみせん》

只見線沿線は会津盆地を除き、人口が極めて少ない山間部の過疎地だ。冬季になれば、福島県只見町や新潟県旧入広瀬村（現・魚沼市）のように3m以上の積雪が珍しくなく、一晩で1m積もることもある。そのため冬季は除雪が間に合わず、列車が立ち往生することや運休に追い込まれることも。雪崩の被害にも遭いやすく、対策としてスノーシェッドが設置される。さらに春先には、雪崩の危険を避けるための徐行ダイヤが組まれるほど。また、急峻な只見川の谷間を走ることもあり、列車無線の電波が入らない区間があるため、緊急用に只見線の車両には衛星携帯電話が装備されている。

開業年月日
1926（大正15）年10月15日

営業キロ
135.2㎞

駅数
36駅

線種
全線単線

電化方式
非電化

輸送密度
会津若松駅～小出駅：271人
※2019（令和元）年

日本有数の豪雪地帯の交通手段

只見線が維持されている最大の理由は、福島・新潟県境の只見駅～大白川駅の間に立ちはだかる「六十里越」という標高800m超の峠にある。只見線は、ほぼ全線にわたり国

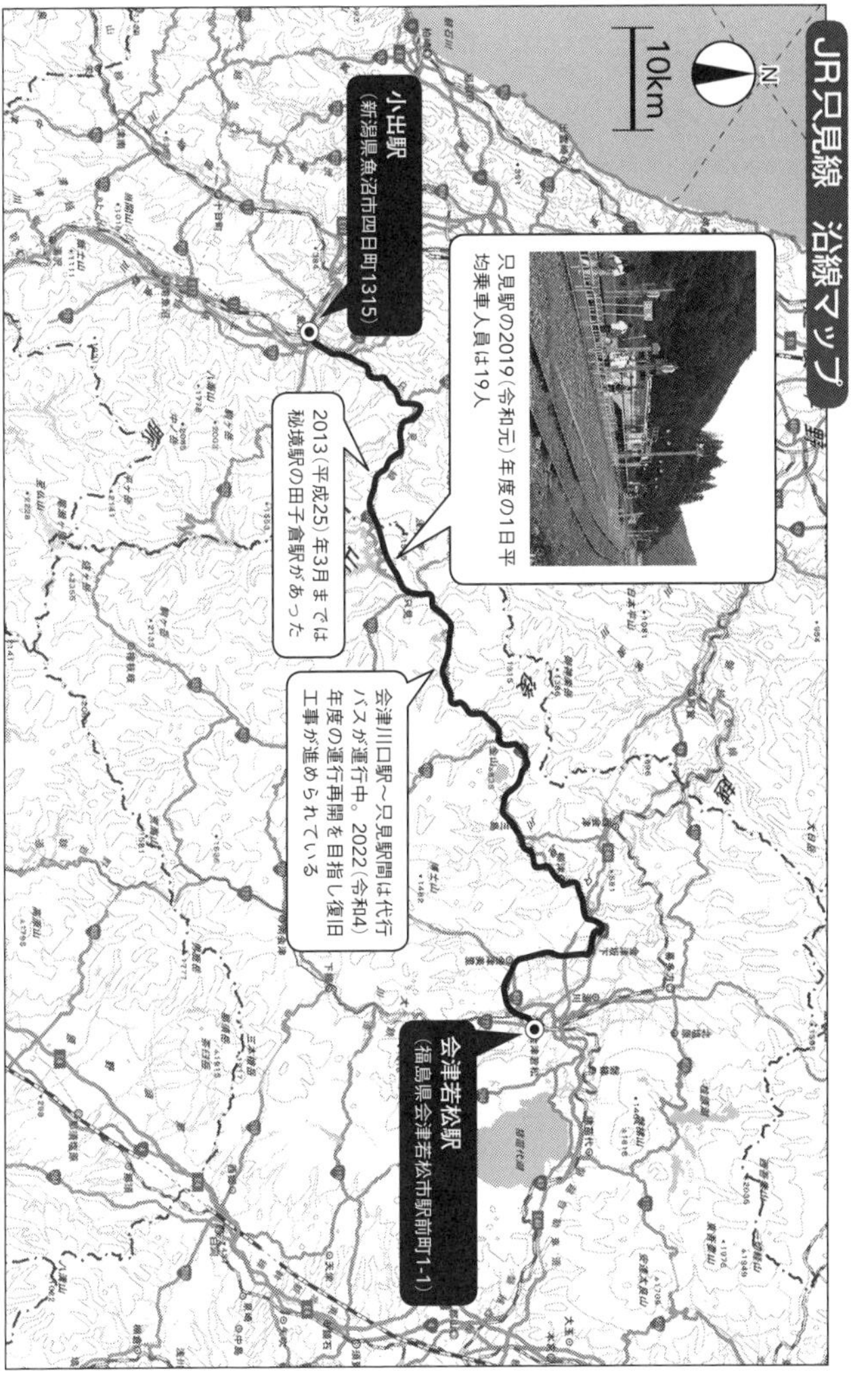
JR只見線　沿線マップ
N
10km
只見駅の2019（令和元）年度の1日平均乗車人員は19人
小出駅
（新潟県魚沼市四日町1315）
2013（平成25）年3月までは秘境駅の田子倉駅があった
会津川口駅～只見駅間は代行バスが運行中。2022（令和4）年度の運行再開を目指し復旧工事が進められている
会津若松駅
（福島県会津若松市駅前町1-1）

道252号と並走している。

1961（昭和36）年に陸上自衛隊により開削されたこの峠道は、11月から5月までの半年は、例年、厚く積もった雪に閉ざされ通行できなくなる。したがって、その期間は只見線が只見町から新潟県側へ抜ける唯一の交通手段となる。そうしたことから、国鉄改革によりローカル線整理の嵐が吹き荒れた1980年代も、「冬季間の代替道路が未整備」ということから、廃止を免れた。

とはいえ、冬季を除き、歴史的に六十里越を通行しての両県の接触はあったという。当初から、同区間を走る列車は急行列車が設定されていた。現在は鈍行がわずか1日3往復するだけで、県境を越える利用者も限られる。

この只見駅と大白川駅の区間は1971（昭和46）年に開通したのだが、その裏には只見線全通期成同盟会長、路線の建設決定時には鉄道建設委員会の小委員長を務めていた田中角栄の力が大きかった。着工が決定した際、沿線自治体の喜びは相当なもので、特に新潟県側とつながる福島県只見町は開会中の町議会を中止してビールで乾杯し、すぐさま町議全員が上京したほどだ。開通記念列車には当時、通産大臣だった田中角栄も乗車し、沿線では万雷の拍手で迎えられたという。

山間部を走り抜ける只見線。写真のキハ40系は2020（令和2）年に引退した

2011（平成23）年の水害で被災した区間にある第八只見川橋梁

鉄橋流失で廃線の危機も「上下分離」で復旧へ

２０１１（平成23）年7月末、只見線沿線は豪雨で大きな被害を受け、一時は全線で不通となった。被害の少なかった区間から順次復旧工事が進められたものの、会津川口駅と只見駅の間は鉄橋数カ所の流失をはじめ、甚大な被害を受けた。そして、同区間を廃線とする提案がＪＲ東日本側からなされる事態になった。

桁外れの赤字線であり、すでに始まっていた代替バス輸送で十分まかなえると主張するＪＲ側と、沿線振興のために鉄道が絶対必要とする沿線自治体側の間で当初、議論は平行線をたどった。しかし、２０１７（平成29）年、復旧経費81億円のうち3分の1をＪＲが、残りを福島県が負担し、復旧後は、鉄道施設を福島県に譲渡してＪＲが列車運行を担う「上下分離」方式での全線復旧が決定。２０１８（平成30）年に着工し、２０２２（令和4）年度中の全線開通を目指して工事が進められている。

ただ再開したとしても、列車運行は代行バスの1日6往復より少ない3往復を基本とし、運行経費も福島県や会津地方各市町村が負担するという。そうした中で、沿線自治体にはさらなる利用の促進や観光振興も含めて、只見線をどう盛り立ててゆくかが問われるところだろう。

食品販売で倒産を回避した異色の鉄道

銚子電気鉄道《ちょうしでんきてつどう》

銚子電気鉄道は、銚子駅から犬吠埼《いぬぼうさき》の外川《とかわ》駅までをつなぐローカル鉄道だ。創業は1922（大正11）年7月で、当時の社名は銚子鉄道。1913（大正2）年設立の銚子遊覧鉄道を母体に発足した。銚子市は漁業、農業のほか、醤油や水産加工を主とした製造業が基幹産業のため、銚子市の醤油メーカーであるヤマサ醤油やヒゲタ醤油の製品を輸送する貨物路線としても活用された。現在では廃線になっているが、往時は、銚子駅付近に醤油工場への専用線が引かれていたのだ。

開業年月日
1922(大正11)年
10月10日

営業キロ
6.4㎞

駅数
10駅

線種
全線単線

電化方式
全線非電化

輸送密度
583人
※2018(平成30)年

朝ドラのロケ地にもなった風光明媚な景色

6・4㎞の運行区間には、10駅が設置される。銚子電鉄本社がある仲ノ町《なかのちょう》駅はノスタルジックな駅舎と車両車庫が特徴だ。終日無人駅の本銚子駅《もとちょうしえき》は銚子電鉄随一の秘境駅で、周囲を木々に囲まれた古い木造駅舎が旅情を誘う。終着駅である外川駅は1923（大正

12）年建築の木造駅舎で開業時より、修復が繰り返されている。また、NHK朝の連続ドラマ小説『澪《みお》つくし』のロケ地にもなった。

食品事業が本業の鉄道収入を上回る

銚子電鉄の歴史は倒産の危機と復活の繰り返しだ。1945（昭和20）年には、太平洋戦争の銚子大空襲で車庫や変電所といった関連施設が被災し、一時、運行継続が危ぶまれる。その後、戦後復興を推し進める国の法整備も後押しとなって、1948（昭和23）年8月に、現在の銚子電気鉄道に社名を変更して運行されたが、高度経済成長期のモータリゼーションにより利用者が減り、経営状態が悪化。1975（昭和50）年に、国による欠損補助対象地方鉄道に認定され、以降は、国・県・市からの補助を受けての経営となった。

それでも赤字体質は改善されなかった。倒産回避の一手として打たれたのは、鉄道事業の改善ではなく、まさかの食品販売だった。1995（平成7）年、全国的に静かなブームだった「ぬれ煎餅」を作り始め、犬吠駅で販売すると、メディアに取り上げられて人気を博す。副業で始めたぬれ煎餅販売だったが、本業の鉄道収入を上回り、1998（平成10）年には、年商2億円の大ヒットまで記録してしまった。

「ぬれ煎餅駅」やオンラインで買える、お土産として人気のぬれ煎餅（写真：銚子電鉄）

２００４（平成16）年にも倒産目前に陥ったが、ここでも奇跡が起こった。「運行維持のためにぬれ煎餅を買って欲しい」と異例のお願い文を公開したところ、ぬれ煎餅ブームが再来。銚子電鉄のオンラインショップに注文が殺到し、倒産を免れたのである。

現在でも、収入の7割近くがぬれ煎餅販売。事業全体の年間売り上げは5億円強というから、食品で3億５０００万円ほどを売っている計算になる。食品事業が鉄道事業の売り上げを逆転し、本業がどちらかわからない状態だ。「ぬれ煎餅駅」という銚子電鉄直営のお土産売店や通信販売で購入することが可能。また、お土産店では煎餅の手焼き体験コーナーも用意され、有料で焼いた煎餅を持ち帰るこ

桃鉄のラッピングをした銚子電鉄（写真：銚子電気鉄道）

ともできる。

２０１８（平成30）年には、語呂合わせで「破産の日」と読める8月3日に、スナック菓子「まずい棒」を発売した。

食品事業と鉄道事業のテコ入れとして、ライブ列車やプロレス列車など「エンタメ鉄道」としての取り組みにも力を入れている。異色の試みは２０２０（令和２）年に新展開を見せ、今度は興行収入と銚子電鉄のＰＲを兼ね、超低予算映画『電車を止めるな！』を自主制作。ホラーとギャグの要素を取り入れた同作は都内でも上映された。映画製作の支援のためクラウドファンディングを行い、鉄道を守る趣旨に賛同した人々から計５００万円以上を集めた映画は、好評だったという。

近江商人の町に響くガチャコンの音

近江鉄道《おうみてつどう》

開業年月日
1898(明治31年)年6月11日
営業キロ
47.7m
駅数
7駅
線種
全線単線
電化方式
全線非電化
輸送密度
1,902人
※2017(平成29)年

2018(平成30)年に開業120周年を迎えた近江鉄道は、琵琶湖東部に路線網を持つ私鉄路線だ。近江鉄道が走る湖東地域は、中世から近代にかけて、全国的に活動した近江商人によって発展してきた。車窓からは、近江商人の商いを礎とする伝統ある街並みと、牧歌的な田園地帯が融合した昔懐かしい風景を楽しむことができる。

ピーク時は年間1000万人輸送も低迷

電車の走行音に由来する「ガチャコン電車」の愛称で滋賀県民に親しまれている近江鉄道だが、利用者の減少が経営を圧迫している。1967(昭和42)年度には、年間輸送人員1126万人を記録したものの、2000年代に入ってからは、2002(平成14)年度の年間369万人となり、その後も400万人台の低水準に落ち着いてしまった。近年は、新たな試みとして、ワイン電車や地酒電車など近江鉄道ファン獲得を目指すイベント列車にも力を入れている。

もともと近江鉄道の開通は、沿線で生産される米などの産物の運搬や、琵琶湖東部にある湖東地域と伊賀方面を結ぶ往来の利便性を高めることが大きな狙いであった。1898（明治31）年に彦根駅〜愛知川《えちがわ》駅間が開通後、1900（明治33）年に彦根駅〜貴生川《きぶかわ》駅間の運行が始まるなど、徐々に路線網を拡充させ、生活路線や観光路線としての存在価値を高めていく。

1944（昭和19）年の八日市鉄道との合併により、さらに路線網が充実し、現在は、米原駅〜多賀大社前《たがたいしゃまえ》駅間の彦根・多賀大社線、高宮駅〜八日市駅間の湖東近江《おうみじ》路線、八日市駅〜近江八幡駅間の万葉あかね線、八日市駅〜貴生川駅間の水口《みなくち》・蒲生野《がもうの》線の4路線、総距離59・5㎞で運行されている。

大正ロマンあふれるレトロ駅舎は必見

全4路線で駅数は33を数え、レトロな駅舎が顔を揃える。近江鉄道最古の駅舎が、水口・蒲生野線の桜川《さくらがわ》駅だ。駅舎建造は近江鉄道開業の2年後で、当時の建物が現在も利用されている。ホームに架かる屋根を支える柱に古くなったレールが用いられていることも、桜川駅の特徴だ。2010（平成22）年以降は、人員削減などの影響で無人駅となっており、駅員に代わって地元住民が駅の維持管理に協力している。

水口・蒲生野線では、日野駅も個性派。1914（大正3）年の建築で、老朽化により解体が検討されたものの、地域住民主体の日野駅再生プロジェクトが2016（平成28）から2020（令和2）年にかけて進められ、当時の雰囲気を残したまま、改修された。駅には鉄道資料展示室が設けられているほか、駅舎南側には全国でも現存数が数台といわれる車両移動機「タッグローダー」が展示されている。

万葉あかね線の新八日市駅も1913（大正2）年開業と古く、蔦で覆われた洋風木造駅舎が鉄道利用者を迎える。当初は八

日野駅の駅舎にあるカフェは無料待合室としても利用できる

日市線の前身である湖南鉄道の駅だったが、1944（昭和19）年から近江鉄道の駅に編入された。新八日市駅の駅舎にはかつて、湖南鉄道と八日市鉄道の本社が置かれていたため、途中駅とは思えない2階建ての立派な建物なのだ。外観だけでなく、内部も大正時代で時が止まったかのよう。自動化されていない木製の改札には、朝の時間帯だけ駅員が立ち、切符を切ってくれるのだ。

列車の本数こそ減ったものの、今でも通勤・通学客ら1日に約1000人が乗降するという。地元の住民に親しまれるとともに、地域の風景を作ってきた駅舎を残したいと願う人は、この駅の利用者以外にも多いことは間違いない。

駅や橋梁が国の登録有形文化財に指定

若桜鉄道若桜線《わかさてつどうわかさせん》

若桜鉄道はJR西日本因美線《いんび》と接続する郡家《こおげ》駅（鳥取県八頭《やず》町）から、山間の終着駅・若桜駅（鳥取県若桜町）を結ぶ第三セクターの鉄道。1987（昭和62）年に国鉄からJR西日本に移管されたが、その半年後に若桜鉄道として営業を開始している。

若桜鉄道は因美線に乗り入れる直通列車もあり、若桜駅からJR鳥取駅まで乗り換えなしでアクセスも可能だ。つい最近までJR線の車両が若桜鉄道へも乗り入れていたが、2020（令和2）年3月のダイヤ改正に伴ってなくなった。

では、若桜鉄道若桜線の各駅についてみていこう。

郡家駅は、JR因美線の特急停車駅。隣の八頭高校前駅までは900mほどしか離れておらず、100円で乗車可能。鉄道運賃としては日本一安い。

その先の隼《はやぶさ》駅は、スズキの大型バイク「ハヤブサ」と同名のため、バイクに関するイベントが行われるなど、全国からツーリングライダーが訪れる聖地としても知られる。

開業年月日	1930（昭和5）年1月20日
営業キロ	19.2m
駅数	9駅
線種	全線単線
電化方式	全線非電化
輸送密度	非公開

二つ先の八東駅《はっとう》には、NPO法人が所有する車両が保存されている。車掌室付きの有蓋貨車ワフ35597だ。かつてこの駅には貨物用の引き込み線があり、貨物廃止後に埋め立てられていたが、保存に際して再度ホームを掘り起こし、レールを敷いた。八東駅は、2020（令和2）年3月には新たなホームと線路を設置し、列車の行き違いができるようになり、これまで1日10往復の運行が15往復に増便された。

車両から駅舎まで必見ポイントが多彩な終点の若桜駅

終点の若桜駅は、若桜鉄道の本社が置かれ、車両基地もある。駅構内には、蒸気機関車が活躍していた当時のターンテーブルと給水塔が残されている。これらの修復を行ったことをきっかけに、兵庫県多可町《たかちょう》で保存されていたかつて若桜鉄道で活躍したC12 167の譲渡を受けた。整備され、現在は元々の方式とは違う仕組みの圧縮空気による動態化が行われている。さらに、JR四国より12系客車3両と鉄道総合技術研究所で使用されていたディーゼル機関車DD16 7も譲渡を受け保存されている。

若桜鉄道では、ゆくゆくはC12の本線走行を目指している。2015（平成27）年4月11日には線路を閉鎖し、若桜駅〜八東駅間でDD16がC12と12系客車を牽引し本線を走行

2007（平成19）年に若桜駅に移送されたC12 167（写真：若桜鉄道）

する社会実験が行われた。これには各地の鉄道ファンから多くの反響があった。

現在の若桜鉄道の現行車両の一部は、デザイナーの水戸《みと》岡鋭治《おかえいじ》が「昭和」をコンセプトとしてリニューアルされ、目を引く外観だ。

さらに開業から90年以上を経てもなお、初期の姿を伝える鉄道構造物が多く残っている。1930（昭和5）年の開業当時に建てられた木造の若桜駅舎は必見だ。

2008（平成20）年には、若桜駅をはじめとする沿線駅が、国の登録有形文化財に指定されている。駅舎は元々の形に戻すべく、駅舎周辺まで整理整頓し修復、長い歴史を刻んでもきれいな駅を目指す再生プロジェクトが実践されているのだ。

高低差や豪雪にも負けず運行中！

JR木次線《きすきせん》

開業年月日
1916(大正5)年10月11日
営業キロ
81.9㎞
駅数
18駅
線種
全線単線
電化方式
全線非電化
輸送密度
190人 ※2019(令和元)年

木次線は、島根県の山陰本線の宍道《しんじ》駅と広島県の芸備線の備後落合駅（P177参照）を結ぶJR西日本の非電化ローカル線。かつては陰陽連絡の重要路線の一つとして、芸備線を経由する山陽方面との直通の急行や夜行列車も運行され、華やかな時代もあった。出雲横田駅～備後落合駅間は定期列車が最盛期は1日急行3便、普通6便が走っていたが、現在は1日3便にまで減少しており、栄枯盛衰を感じる路線だ。

各駅には出雲神話にちなんだ愛称がつけられている。また、春から秋の多客期には、臨時のトロッコ列車「奥出雲おろち号」が運行される。

木次駅～日登駅間以降に多数存在する制限速度25㎞区間

宍道駅を出て四つ目の駅の出雲大東《だいとう》駅は木次線で最も乗車客の多い駅であり、島根県最大の都市にある松江駅から路線バスもやって来る。バスだと乗り換えなしの最短路で来ることができるが、運賃は鉄道の方が安い。

二つ先の木次駅を過ぎると山岳地帯に入り、随所に最高速度が25㎞に抑えられた区間が出てくる。速度を抑えることで保線の負担を減らすのが目的であり、中国山地内のローカル路線には多く見受けられる。低速走行で線路へのダメージを軽減化、補修点検のコストを抑え、路線の経費削減に貢献している。ゆっくり走ることで、秘境感を醸し出しながら車窓も楽しめ、不急の旅にはむしろ利点にもなる。

この辺りからトンネルが多くなり、木次線最長で2441mの下久野《しもくの》トンネルを通過する。亀嵩《かめだけ》駅は何度も

映画やドラマ化されている松本清張の小説『砂の器』に登場する駅で、僻地にありながら知名度は高い。駅舎内には奥出雲そばの店「扇屋」があり、列車に車掌が乗務していた時代には、亀嵩駅に到着する手前で車掌が車内で注文を取っていた。現在は列車がワンマン運行になったが、店へ事前に電話注文しておけば、列車到着時に受け取って車内で駅弁感覚で味わうことができる。

JR西日本最高の標高727mの駅も

出雲横田駅は、しめ縄がシンボルの神社風の駅舎である。宍道駅〜出雲横田駅間は、列車が大体2時間に1本くらいの頻度で運行されているが、この先から1日わずか3本となる。次の出雲坂根駅は三段式スイッチバックの駅であり、ホームの片隅には延命水と呼ばれる湧水が湧いている。ホームに進入した列車は乗降後、逆方向へ登って行き、一旦停車し、再び進行方向を逆に進んでゆく。

出雲坂根駅が標高564mで、次の三井野原《みいのはら》駅が標高726mと、一駅間で162mも高低差がある。スイッチバックは長い編成の列車は通過できない構造で、現在は「奥出雲おろち号」が機関車を含めて3両が最大。駅を発車してしばらくゆくと、車窓に国道314号

出雲坂根駅～三井野原駅間のおろちループ（写真：ちゃり鉄.JP）

の「奥出雲おろちループ」が見えてくる。ぐるりと二回りして105mの高低差を稼ぐ珍しい構造のループ橋で、日本神話の「ヤマタノオロチ」より名付けられた。

三井野原駅はJR西日本で標高が一番高い駅で、宍道駅からの標高差は722m。1面1線の単式ホームの眼前には、スキー場が広がる。かつて冬季には、広島方面から三井野原へ臨時急行のスキー列車が運行していた。

以前は降雪次第でラッセル車を走らせていたが、現在は出雲横田駅～備後落合駅間は、代行バスを走らせることもあるそう。

そして、三井野原駅を過ぎるとトンネルや橋ごとに25㎞制限区間が多数存在し、ゆっくりと進むと終点の備後落合駅に到着する。

少子化に抗うべくさまざまな施策を練る

JR牟岐線《むぎせん》

2020（令和2）年10月31日、JR牟岐線の阿波海南駅〜海部《かいふ》駅間1・5kmの区間が廃止された。JR四国の発表資料によると、この区間も含む牟岐駅〜海部駅間の2019（平成31）年度の輸送人員は、1日あたり186人。牟岐線はJR四国の赤字路線の中でも特に営業係数が高く、予土《よど》線とともに廃止候補の筆頭とも目されてきた。そんな中、ついに入れられたメスともとらえられる。この区間は、牟岐線に接続する第三セクターの阿佐海岸鉄道（P72参照）に移管された。

牟岐線のルーツは、1913（大正2）年に阿波国共同汽船が開設した徳島駅〜小松島駅間と、1916（大正5）年に阿南鉄道が開設した中田駅〜古庄《ふるしょう》駅間の鉄道。その後、それぞれが国有化され、一方の国鉄線も1942（昭和17）年までには、羽ノ浦駅から牟岐駅までが開通した。本来であれば、阿佐線として後免《ごめん》駅〜牟岐駅までもがつなげられる予定であり、牟岐駅から先の区間の工事も行われたが、海部駅まで開通し牟岐線延長とい

開業年月日
1913(大正2)年
4月20日

営業キロ
77.8km

駅数
28駅

線種
全線単線

電化方式
全線非電化

輸送密度
徳島駅〜海部駅：
1824人
徳島駅〜阿南駅：
4749人
阿南駅〜牟岐駅：
605人
牟岐駅〜海部駅：
186人
※2019(令和元)年

う形で開業後、1980（昭和55）年に成立した「国鉄再建法」のあおりを受け、建設中止となってしまった。

牟岐線は徳島の東端を、おおむね海岸線に沿って南北に敷かれている。四国南東の海岸線は山からすぐに海へとつながる急峻な地形が多く、そのため路線の多くは高架と長大なトンネルで構成されており、トンネルの合間に海が見える車窓が続く。

室戸岬方面に向かう未成区間はさらに険しく、切り立った崖が連なる地形となるので、着工されていれば難工事になったのは、間違いなかっただろう。

路線の存続に向けた利用者増加の施策を実行

全線非電化、単線でいかにもローカル線といった出で立ちだが、徳島駅〜阿南駅までは1時間に2本の発着がある。そこから先はさらに南下し、徳島中心部から離れるほどに本数も減らしながら、秘境らしくなってくるというわけだ。

中でも秘境駅として特筆すべきは、田井ノ浜《たいのはま》駅だろう。ここは珍しい臨時駅であり、「海水浴シーズン」の1カ月半程度の期間にしか停車しない駅だ。駅の目の前に美しい白砂のビーチと遠浅の海があり、砂浜をバックに走る車両の写真が撮影できるほど。夏になれば大賑わいだが、それ以外の期間はうって変わって閑散としている。

また、辺川《へがわ》駅も秘境駅として扱われることが多い。路線名にもなっている主要駅の牟岐駅からひと駅で4㎞弱しか離れていないが、市街地からは完全に外れて一面に田園風景が広がっている。駅から人家はほとんど見えず、乗降客数も1日に数人ほど。にも関わらず、ホームがバリアフリー化されているところが、少子高齢化の波を感じさせる。

そんな厳しい状況の牟岐線だが、JR四国も手をこまねいてただ見ているだけではない。たび重なる減便や冒頭で述べた一部区間の廃止によるコストダウンだけではなく、2019（平成31）年3月のダイヤ改正で「パターンダイヤ」を導入した。これは列車を一定の間隔

牟岐線の撮影スポットして知られる阿波赤石橋梁

で周期的に運行する方式で、利用者が覚えやすく待ち時間が均一化されるほか、各駅におけるバスとの接続が容易になるのだ。

これを契機として、徳島バスと連携し、高速バスとの乗り継ぎが可能なダイヤに改善され、阿南駅〜甲浦《かんのうら》駅間のバス停留所での乗降が可能になった。地方交通では鉄道事業者やバスなどの交通事業者、自治体との相互の連携が今後の施策として重要視されている。

さらには、誕生月の3日間はJR四国・土佐くろしお鉄道の全線が乗り放題となる「バースデイきっぷ」といった、全線を対象とした観光誘発型商品も販売するなど、集客、乗車率アップに向けてさまざまな工夫を凝らしている。

「日本一の赤字路線」で世界初の乗り物が走る!

阿佐海岸鉄道阿佐東線《あさかいがんてつどうあさとうせん》

開業年月日
1992(平成4)年3月26日
営業キロ
10.0km
駅数
4駅
線種
全線単線
電化方式
全線非電化
輸送密度
153人 ※2017(平成29)年

第三セクター・阿佐海岸鉄道が運営し、徳島県の最南端と高知県の最東端をつなぐ、わずか10㎞の路線。JR四国の赤字路線筆頭である牟岐線の、さらに先へ伸びる末端路線でもあり、そう聞けば阿佐東線の営業状況は想像に難くないだろう。

2019(平成31)年度の乗車人数は5万2983人、経常損失は7396万円で、1992(平成4)年の開業以来、29期連続の赤字。また、2013(平成25)年には営業係数1224・6という数字を出し、「日本一の赤字路線」という不名誉な称号で呼ばれたこともあった。

この路線は、本来は甲浦《かんのうら》のさらに先の室戸岬を経て、海岸線に沿って西進、後免《ごめん》までをつなぐ予定だったが、1980(昭和55)年の「国鉄再建法」により、工事が凍結。すでにほとんど完成していた牟岐駅~甲浦駅間は阿佐海岸鉄道として開業し、もう一方の後免駅~奈半利《なはり》駅間はのちに工事が再開、土佐くろしお鉄道阿佐線、通称ごめん・なはり線として開業した。このため、甲浦から室戸を通って奈半利までの間は未成区間となり、ぽっかりと穴が空いている状態だ。

そうこうしているうちにも、周辺の人口は減少を続けている。路線の大部分がある海《かい》陽《よう》町は1985（昭和60）年を境に老年人口が年少人口を上回り、30年後の2015（平成27）年には、高齢化率が43・1％、総人口は9283人となった。沿線はますます過疎化・高齢化が進んでおり、もはや地元住民の利用が主体では路線を維持することが困難なのは明白だろう。

赤字打破の希望を託す世界初の「二刀流」車両

そんな阿佐東線だが、2020（令和2）年12月1日から、なんとすべての列車が運休し、同区間はバスによる代行輸送が行われている。これは、厳しい経営状況を打破するための起爆剤、「DMV」導入のための前段階だ。

DMVとは、「Dual Mode Vehicle」の略称。簡単にいうと、道路と線路の両方を走れる車両のことで、導入されれば、世界初の本格的な営業運行といえる。鉄道とバスの役割を同時にこなすことができ、鉄路を延伸することなしに、阿佐東線の稼働範囲を大幅に広げる

JR北海道開発のDVMが阿佐東線を試験走行（写真：阿佐海岸鉄道）

ことができるというわけだ。

　実際の運行では、阿波海南文化村～阿波海南駅をバスモードで走り、阿波海南駅～甲浦駅間はこれまでのように鉄路を走行。再び、バスモードで甲浦駅～道の駅宍喰《ししくい》温泉までを走行する予定だ。

　DMVに期待されているのは、乗車自体の観光的価値だ。レール走行と道路走行のモードチェンジを体感したり、実際の営業運転での内装や運転席を見学したりといった体験は、日本では唯一ここでしかできないということになる。

　この特別な乗車体験を中心とした観光需要につなげていくことが、今後の赤字打破の鍵となるだろう。

第3章
秘境路線の難工事スポット

無名の開拓殉難者たちが掘った隧道

JR根室本線《ねむろほんせん》

旧狩勝《きゅうかりかち》・新内《にいない》トンネル

所在地
北海道新得町〜南富良野町

開通年月日
旧狩勝トンネル：1905(明治38)年
新内トンネル：1902(明治35)年

現在のJR根室本線は、1907（明治40）年に、富良野《ふらの》の南にある落合駅〜帯広駅間が開通したことにより完成。この路線の実現は、二つのトンネル貫通にかかっていた。トンネルのある区間は、落合駅〜新内駅〜新得《しんとく》駅間の27・7km。このエリアには「北海道の背骨」といわれる日高山脈が立ちはだかる。山脈の北端には、十勝連山に接する標高1059mの佐幌岳《さほろだけ》があり、その4km南には標高664mの狩勝峠。最難工事といわれたのが、この峠直下に1922（大正11）年に延伸工事を行って954mになった旧狩勝トンネルと、その先に計画された124mの新内トンネルだ。

峠と新得駅との標高差は380mあり、落合駅から峠へは最大25‰を含む上り勾配が続く。トンネル内でも多少登り、峠を越えると、新得駅までは新内駅構内を除き、下り勾配の連続となる。勾配緩和のため、山腹を迂回するように方向が180度変わるΩ《オメガ》カーブが4カ所、距離を稼ぐための大築堤も必要だった。

煉瓦造りで馬蹄形をした旧狩勝トンネルの入口付近
（写真：歩鉄の達人）

つるはしとスコップで行く手を阻む岩を砕く

工事は1901(明治34)年、落合駅と新得駅の両方から同時に始まった。

重機などはない時代。掘った土を網袋とトロッコで運び、荷物は馬が曳く。掘削する岩質の変化は激しく、固い岩層に突き当たると、1日30㎝しか進めないこともあり、かと思うと、大量の湧水と闘うこともあった。

労働者として投入されたのが「タコ部屋のタコ人夫」だ。北海道新聞社 渡辺一史著『北の無人駅から』を引用すると、人身売買まがいの手法で全国から集められ、暴力的な支配で過酷な労働を強いられた人たちがこの難工事を成し遂げた。今では使われなくなったトンネルの前に立つ説明板には「(前略)枕

大正時代の根室本線の新内駅〜狩勝信号場間にある大カーブ
（写真：旧狩勝線を楽しむ会）

木の数ほどの犠牲者と、ついには人柱まで建てて明治38年1月に隧道が完成した」とある。朝3時から夜中まで、ろくな食料も与えられず「前借金がある」という名目で凄惨な扱いを受けたタコ人夫たち。逃げれば捕まり、見せしめのために殺され、病死した者はセメント樽に詰め込まれ沢に遺棄された、線路の下に生き埋めにされた、などの証言もあり、その人数や実態はわかっていない。

大人数が命がけで7年をかけて完成

日露戦争を挟み工事は一時中断されたが、1902（明治35）年には新内トンネルが、3年後には旧狩勝トンネルが完成。足かけ7年の工事は終わり北海道の大動脈として旭川

新内トンネルの新得駅側（写真：歩鉄の達人）

駅～釧路駅間の鉄道が全通。十勝平野の景観は「日本三大車窓」の一つに数えられた。

鉄道の運行は機関士たちにとっては命がけで、そこは「魔のトンネル」と呼ばれた。勾配がきついので、補助機関車がお尻を押しながら、蒸気機関車はフルパワーで換気の悪いトンネルを通過する。火夫は40分で1ｔの石炭の投入を続け、火室は55℃もの灼熱となり、排煙と蒸気で窒息寸前のまま、出口へと向かう。死者も出るほど劣悪な労働環境に職場放棄者が続出し、労働組合と国鉄の泥沼の闘争となった。脱線、横転事故も多発するなど犠牲者を出した旧狩勝・新内トンネルは1966（昭和41）年、勾配の緩やかな新狩勝トンネル開通とともに、その役割を終えた。

明治からの活躍を終えて近代化遺産へ

JR信越本線《しんえつほんせん》

碓氷峠《うすいとうげ》

所在地
群馬県安中市松井田町坂本〜長野県軽井沢町
開通年月
1893(明治26)年4月1日

群馬県安中《あんなか》市に今も残る「碓氷第3橋梁」こと、通称「めがね橋」。長さ91・1m、川底からの高さ31・4m、4連のアーチが連なる優美な外観の橋梁は、わが国最大のレンガ造りアーチ橋であり、峠に挑んだ鉄道の歴史を今に残す近代化遺産だ。

26カ所のトンネルと18カ所の橋梁が完成

この「めがね橋」を含む碓氷線、のちの信越本線が着工されたのは1891（明治24）年。群馬県の横川《よこかわ》駅〜長野県の軽井沢駅間の約11kmの間で、550mもの高低差がある碓氷峠を克服するため、さまざまなルート案が出た中から紆余曲折の末、着工に至った。

碓氷線は66・7‰という日本国内で他に例がない急勾配の上、26カ所のトンネルと18カ所の橋梁を架けなければいけない難工事となった。すべての橋梁は、イギリス人技師のポーナルが設計し、18カ所のうち17カ所がレンガ造りのアーチ橋となった。「めがね橋」はその中でも犠牲者を出すほどの難工事となり、レンガは約2022万8000個、セメントは2720樽を用いて完成した。

橋梁ばかりでなくトンネルの難工事もあった末、着工から2年で碓氷線は開通した。最大の特徴は、急勾配を克服するためドイツのハルツ山鉄道に範を採った「アプト式」を採用したことで、線路の中央に敷かれたラックレールとかみ合わせる歯車の付いた機関車が列車を押し上げるという、独特の運行方法が採られた。

しかし、開業当時は蒸気機関車であり、さらに時速数㎞で走るという遅さから、特にトンネルに入った際の煤煙がひどく、熱気と有毒ガスもあって、列車の運転は、まさに命がけで行われたという。

ドイツ製の機関車を12両導入

輸送需要が年々高まってきたことから、抜本的な解決策として、わが国初の幹線としての電化が決定された。上部に架線を引くにもトンネルの高さが足りなかったため、電化には架線方式ではなく地下鉄同様の第三軌条方式が採用され、列車の運行を続けながらの難工事をこなすこととなった。

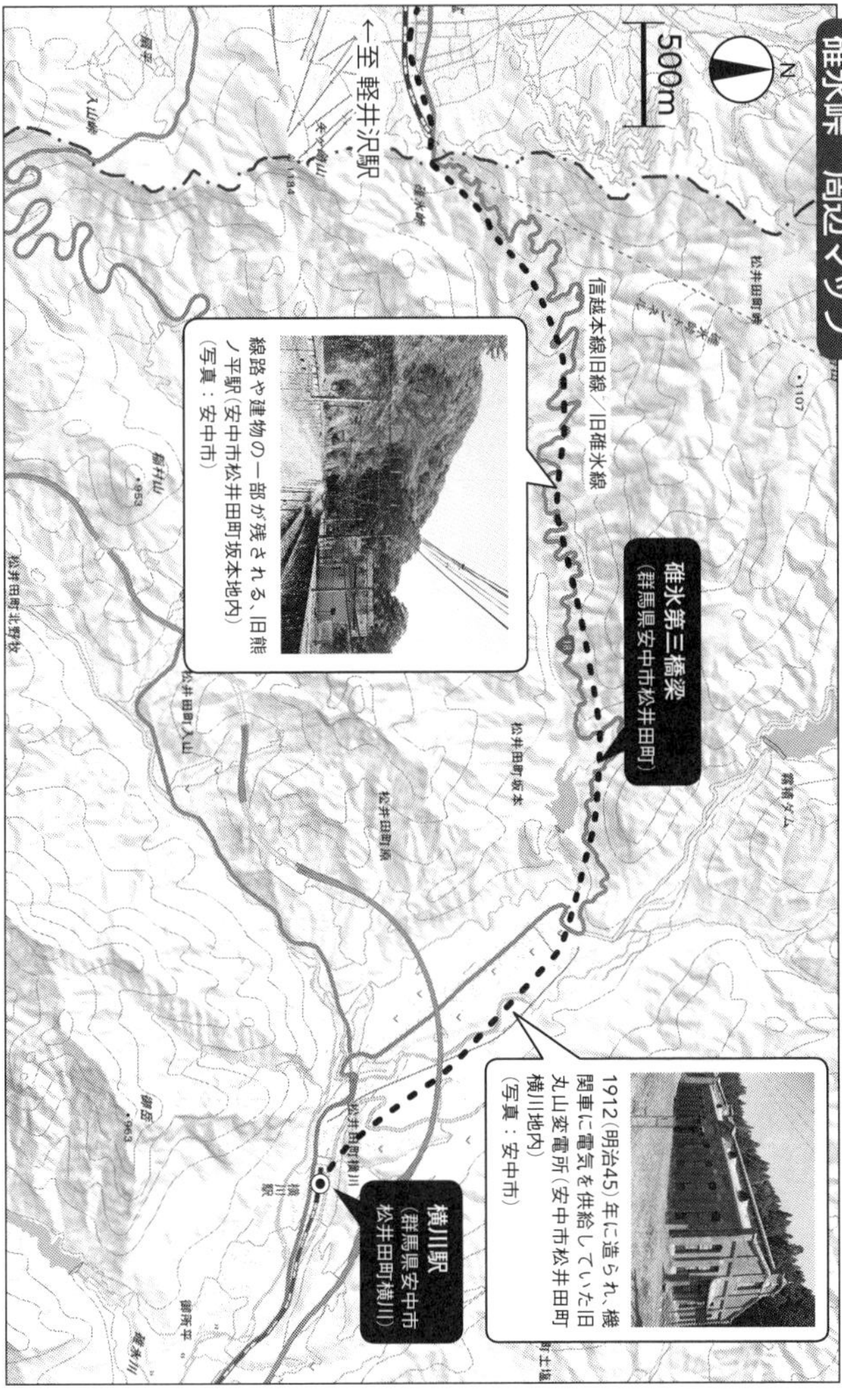
碓氷峠　周辺マップ
N
500m
←至 軽井沢駅
信越本線旧線／旧碓氷線
碓氷第三橋梁
（群馬県安中市松井田町）
線路や建物の一部が残される、旧熊ノ平駅（安中市松井田町坂本地内）
（写真：安中市）
1912（明治45）年に造られ、機関車に電気を供給していた旧丸山変電所（安中市松井田町横川地内）
（写真：安中市）
横川駅
（群馬県安中市松井田町横川）
松井田町峠
霧積ダム
松井田町坂本
松井田町入山
松井田町北野牧
碓氷川

電気機関車は、当初、ドイツ製の機関車を12両導入し、これがわが国初の本線用電気機関車となった。しかし、故障が多かったことから、国産電気機関車を開発する機運が高まり、1919(大正8年)から大宮工場で製造したED40形を導入した。

時代は下り、第2次世界大戦後の高度経済成長期を迎えて、アプト式の碓氷線では輸送力に限界を迎えた。そこで、アプト式を止め、通常の駆動力が車輪にかかり車輪とレールの間の静摩擦に頼って走行する粘着運転による新しい碓氷線の建設が行われ、1963(昭和38)年9月、明治時代から続いた碓氷線のアプト式による運行が幕を閉じた。新線では、有名なEF63形機関車による列車の押し上げという方法が採用され、「峠のシェルパ」として長く親しまれることになった。

そして、1997(平成9)年9月30日。翌日の長野新幹線の開業によって、碓氷線は最後の日を迎え、長年にわたる峠との戦いに終止符を打つ。

現在は観光地としても人気のエリアだ。明治時代から続いた横川機関区は「碓氷峠鉄道文化むら」として生まれ変わり、講習を受講すればEF63形機関車の体験運転ができる。

また「めがね橋」を含む碓氷線跡は、一部が遊歩道「アプトの道」となり、10カ所ある旧国鉄の隧道を見学できるようにもなった。

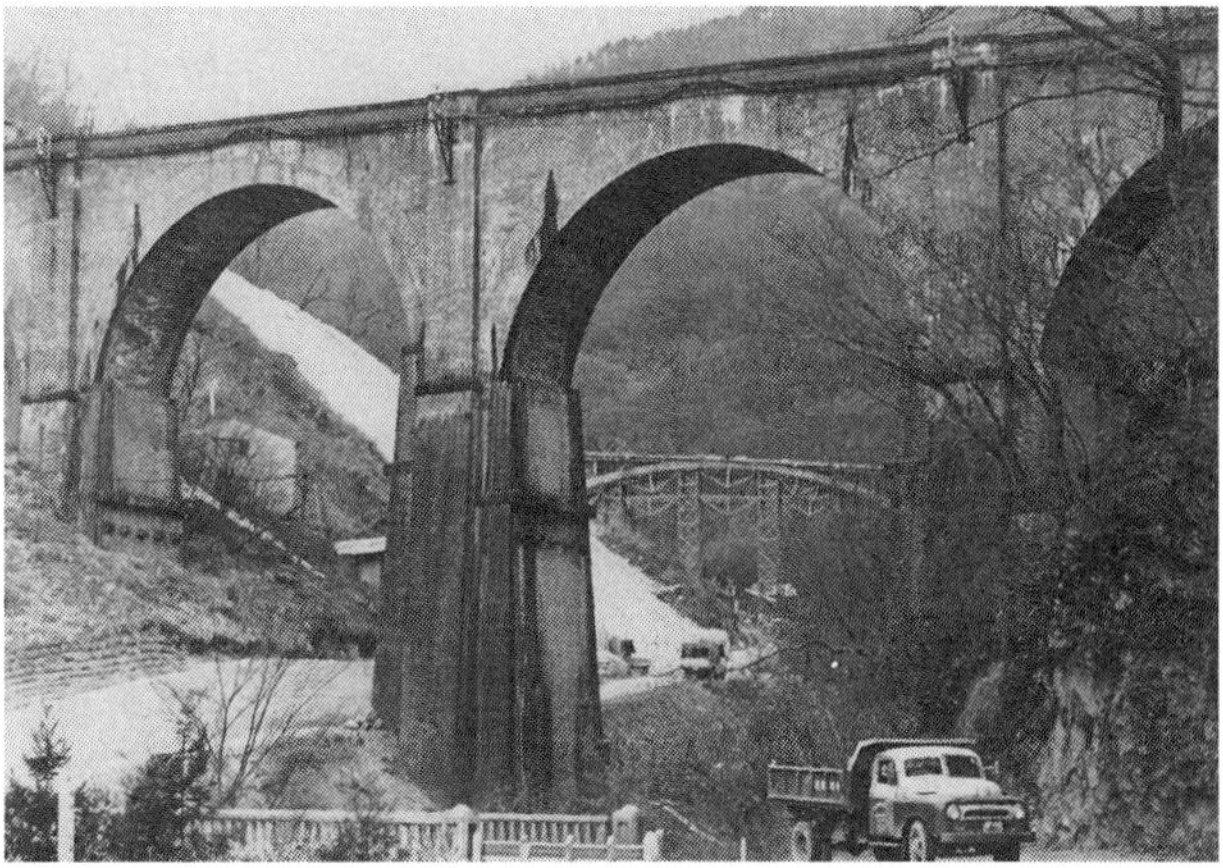

アプト式が採用されていたころの碓氷第三橋梁（写真：碓氷峠鉄道文化むら）

1997（平成9）年、碓氷第三橋梁から見たEF63（写真：碓氷峠鉄道文化むら）

急峻な地形を乗り越え94駅をつなぐ

JR飯田線《いいだせん》

開業年月日
1897（明治30）年7月15日
営業キロ
195.7km
駅数
94駅
線種
豊橋駅～豊川駅：複線 豊川駅～辰野駅：単線
電化方式
直流1500V 架空電車線方式
輸送密度
非公開

愛知県の豊橋駅と長野県の辰野《たつの》駅を結ぶＪＲ飯田線は、戦時中に四つの私鉄を国鉄が買収して成立したことで知られる。買収前は豊橋駅側から順に、豊川鉄道・鳳来寺《ほうらいじ》鉄道・三《さん》信《しん》鉄道・伊那電気鉄道の4社で構成されていた。各社は集落ごとに駅を設置したゆえに、全長195・7㎞の路線に94駅があるという駅数の多さが特徴だ。

飯田線は、愛知・静岡・長野の3県にまたがっている旧三信鉄道の区間だ。豊橋駅～辰野駅間を一本化する目的で設立され、1937（昭和12）年8月20日、小和田駅と大嵐《おおぞれ》駅間の開通をもって全線が開通した。しかし、沿線は天竜川に沿った急峻な山岳地帯であり、地質も悪く、当初から難工事が予想された。

そんな路線の建設を進めるため、測量には山地での測量技術に長けているアイヌ民族の技師・川村カ子《ね》トを招聘した。区間によっては人口が少なすぎて測量隊の宿所が確保できず、毎日8㎞以上歩いて測量に向かわねばならないという苦難も乗り越えつつ、測量作業

JR飯田線　沿線マップ
辰野駅
(長野県辰野町辰野1941)
飯田線の多くが、辰野駅から中央本線に乗り入れる
天竜川の河岸段丘には支流が深く切り込む独特の「田切地形」が多い
「中部の駅百選」に選定されている大嵐駅
(写真：歩鉄の達人)
平岡駅は温泉施設の「ふれあいステーション龍泉閣」が併設している
トンネルに挟まれた大嵐駅は秘境駅としても知られる
第一夏焼隧道、第二夏焼隧道
(静岡県浜松市天竜区水窪町大嵐)
第六水窪川橋梁
(静岡県浜松市天竜区佐久間町相月)
豊橋駅
(愛知県豊橋市花田町西宿)
N
10km

に大いに手腕をふるった。また、建設作業にあたっては、条件の悪い現場ということもあり、多くの朝鮮人労働者が投入された。

一番の難工事区間は、最後に開通した小和田駅〜大嵐駅間だったが、同区間の開通の裏には、当時建設を請け負った飛島組《とびしま》の社員だった熊谷《くまがい》三太郎の並々ならぬ熱意があった。川沿いの急斜面でトンネルも多い三信鉄道の建設工事で培った経験は、今の時代まで続く熊谷組のトンネル工事における高い技術力のもとになった。

三信鉄道が開業した区間は、国鉄になってから天竜川のダム工事のため二度にわたって線路の付け替えが行われた。そのうち、1955（昭和30）年に行われた佐久間駅〜大嵐駅間の付け替えは、大々的なルート変更と悪い地質での長大トンネル掘削などを伴う難工事となった。この区間で建設された有名な第六水窪川《みさくぼがわ》橋梁は、対岸へトンネルを掘るにも地質が悪く、川を渡らずに戻るという「渡らずの橋」になったエピソードを持つ。

また、大嵐駅の南側に位置する第一夏焼隧道、第二夏焼隧道は、現在の飯田線ではなく、佐久間ダムの建設に伴う線路を付け替える前の旧線のトンネルだ。現在は、県道のトンネルとして利用され、当時は第一夏焼隧道が栃ヶ沢隧道、第二夏焼隧道が夏焼隧道という名前だった。第二トンネルは佐久間ダムの建設による水位上昇を考慮し、一部を掘り直した。

夏焼第一隧道は佐久間ダム建設工事の際に電車を走らせた（写真：歩鉄の達人）

夏焼第二隧道は佐久間湖の増水時に水没を防ぐため掘り直した
（写真：歩鉄の達人）

沿線の利用者増にもつながる個性的な駅がずらり

急峻な地形を縫うように走る旧三信鉄道区間は、沿線人口の少なさもあって、駅数の多い飯田線の中でも乗降客が一桁や二桁と特に少ない駅が多く見られる。そして有名なのが、周囲に人家もないような山の中にあり、列車も1日数本しか停まらない秘境駅だ。現在の皇后陛下がご成婚の際に注目を浴びた小和田駅を筆頭に、この区間には七つの秘境駅が存在する。利用者は1日一桁と少ない駅ばかりだが、最近はそうした駅がインターネットや書籍で注目を浴びるようになり、沿線の観光資源にもなりつつある。JR東海はそうした需要に応え、秘境駅を訪問して回る観光列車「秘境駅号」を運行するなど、路線の活性化にも活用している。

飯田線はそんな過疎地帯だけを走るわけではない。飯田線は愛知県側では豊橋・豊川・新城《しんしろ》・長野県側では伊那・駒ヶ根・飯田などの主要都市を結ぶ役割もあり、そうした区間では1時間に1～2本の普通・快速列車や、豊橋駅～飯田駅間では特急「(ワイドビュー)伊那路」号も運行されるなど、地域の足としての役割もある。

飯田線には全線を走り通す普通列車もあるが、駅数が多いため飯田線全線を乗り通すとなると、6時間から7時間はかかる。

旧《きゅう》北《ほく》陸《りく》本《ほん》線《せん》トンネル群《ぐん》

鉄道黎明期を今も体感できる廃線ルート

開業年月日
1896（明治29）年7月15日

廃止年月日
1962（昭和37）年6月10日

営業キロ
52.5km※

駅数
11駅※

線種
全線単線※

電化方式
全線非電化※

※廃線時点

滋賀県は古くから近畿と東海・関東を結ぶ街道が東西に縦断しており、さらにそこから北陸方面へと分岐する中継点でもあった。県境を越えた先の福井県には、日本海の海運拠点・敦賀があり、さらに今庄《いまじょう》を通り福井、金沢と続いている。これらを鉄道で結ぶ第一歩として、旧北陸本線の長浜駅〜敦賀駅間が、日本の鉄道黎明期の1880（明治13）年に早くも着工した。

関西では、神戸から徐々に東へと伸びていた鉄道が、ようやく大津駅までやってきた年といえば、この区間がどれだけ重視されていたかが窺えるだろう。

ただし、立ちはだかる大きな壁があった。滋賀・福井の県境と、敦賀駅〜今庄駅間には、いずれも急峻な山々が連なっていたのだ。これらの難所を克服するために、16のトンネルが次々と掘削されることになった。それでもなお、最大で25‰という急勾配が複数箇所に存在するルートとなったのだった。

小刀根トンネル内部。レンガ造りと石造りを併用している

日本人技術者のみで造られた現存最古の鉄道トンネル

明治初期の日本の鉄道開発は、外国人技術者に負うところが多かった。初めて日本人技術者のみで造られた鉄道トンネルが、滋賀・京都の府県境を貫く逢坂山トンネル。1880（明治13）年6月のことだった。次いで日本人技術者のみで造られたのが、旧北陸本線、長浜駅～敦賀駅間の小刀根トンネル。日本に現存している最古の鉄道トンネルでもある。明治初期の規格で、総高6・2m、全幅16・7mと、現代のそれと比べるとサイズが小さい。トンネルの全長はわずか56mで、旧北陸本線トンネル群の中で最も短い。

一方で最長は、柳ヶ瀬トンネルの1352

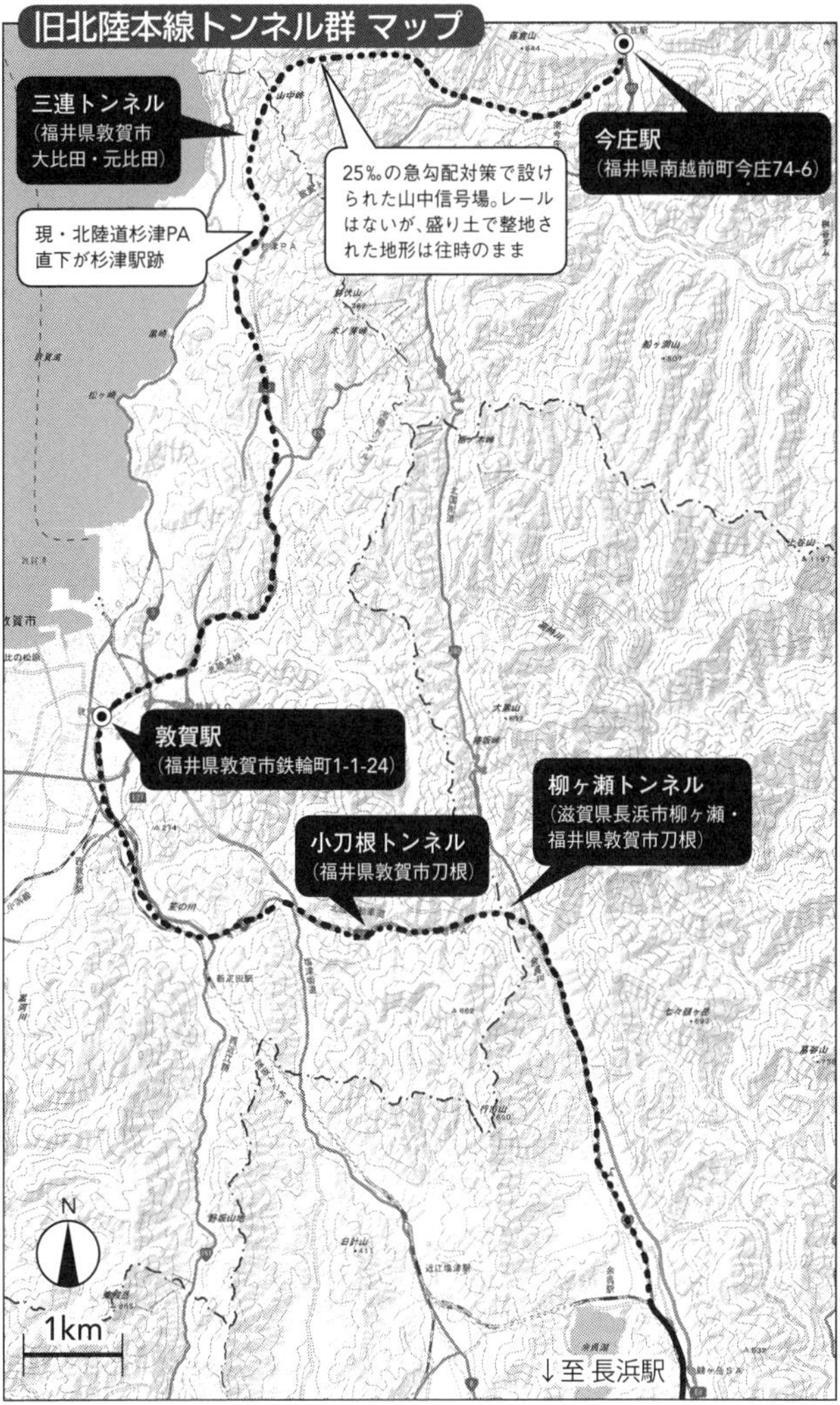
旧北陸本線トンネル群 マップ
三連トンネル
（福井県敦賀市
大比田・元比田）
今庄駅
（福井県南越前町今庄74-6）
25‰の急勾配対策で設けられた山中信号場。レールはないが、盛り土で整地された地形は往時のまま
現・北陸道杉津PA
直下が杉津駅跡
敦賀駅
（福井県敦賀市鉄輪町1-1-24）
柳ヶ瀬トンネル
（滋賀県長浜市柳ヶ瀬・
福井県敦賀市刀根）
小刀根トンネル
（福井県敦賀市刀根）
N
1km
↓至 長浜駅

m。開削工事では、その長さとともに湧き水が出る不安定な地質に手を焼いた。当時の日本人技術者にはロックドリルの使い方がわからず、「つるはし」と「のみ」での手掘り作業。トンネル群の中で最も工事が難航し、4年を経てようやく開通。2008(平成20)年には近代化産業遺産に認定されている。

17ある旧北陸本線のトンネルのうち、長浜駅~敦賀駅間には柳ヶ瀬、小刀根、刀根、曽々木の4つのみで、それ以外は敦賀から先、今庄へと至る「山中越え」エリアに連なっている。現在の北陸本線は、1962(昭和37)年に開通した北陸トンネルでここを越えているが、その全長は1万3870m。いかに山深いかよくわかるが、それを13のトンネル群で乗り越えていた。

山中越えのために設けられたのは、トンネルだけではない。山中信号場には、スイッチバックのための折り返し線と、上下線すれ違いのための待避線が設けられた。前者には、待避する車両の長さを確保するためのトンネルも掘られた。本線の山中トンネルとY字型に並ぶ格好でトンネルが並列する姿は、ほかではなかなか見られない鉄道遺構といえる。

山中信号場のすぐ東の断崖脇をすり抜ける部分には山中ロックシェッド。国内初のプレストレストコンクリート造の落石防護施設だ。プレストレストは、鋼材によりひび割れ防

柳ヶ瀬トンネルは往来が数分ごとに切り替わる交互通行の自動車道へと姿を変えた

右が山中トンネル、左がスイッチバック用の引き込み線

一直線に並ぶ光景が見られる三連トンネル

止力を上げる技術で、当時最先端の技術を大型構造物に用いたのだろう。

廃線なのにその大半を疑似体験できる

旧北陸本線トンネル群の遺構は、いずれも保存状態は良好。しかも廃線でありながら、かつてレールが敷かれていたルートがほぼそのまま車道になっている。自動車でその跡をたどることで、まるでかつての旧線に乗って走っているかのような体験ができるのだ。曲《まがり》谷《だに》、芦谷《あしたに》、伊良谷《いらだに》の三連トンネル、杉津《すいづ》駅跡からチラリと姿を表す日本海、1000m超だが幅が狭く、すれ違い困難なためトンネル両端に信号が設けられた柳ヶ瀬トンネルなど、見どころには事欠かない。

山陰本線最大の難所を丸2年の工事で克服

JR山陰本線《さんいんほんせん》

旧余部橋梁《きゅうあまるべきょうりょう》

所在地
兵庫県香美町香住

開設年月日
1912(明治45)年
12月28日

山陰本線は京都駅〜幡生《はたぶ》駅間を走り、支線を含めて161駅ある長大路線だ。その中でも兵庫県の餘部《あまるべ》駅〜鎧《よろい》駅辺りは山が海に迫る地形にあり、海岸沿いに線路を敷設することが不可能だった。

そこで、谷を渡るために橋梁で山間を通して最短経路で結ぶ案と迂回して長大トンネルで抜ける案が出された。橋梁だと海からの潮風を受けるので保守作業が大変だが、長大トンネルだと当時の土木技術では難しく、前者を採用。橋梁の工法を分析・比較検討し、建設費が安く工期が短いことから、鋼材を組み合わせて建設するトレッスル橋に決定した。

高さ45mもの足場を組んで行った工事

事前にその年の3月から現地での地質調査が行われた上で、1909（明治42）年12月16日に工事が着工となった。

橋脚の鋼材やアンカーボルトはアメリカで製造され、九州の門司港に到着後、船に積み替えられて船便で余部沖まで運搬された。橋脚の組み立ては丸太で足場を組み、45mの高さまで組み上げた。当時は現在のように最先端の機械を使って効率よくとはいかず、足場の建設から工事を終えて解体まで、橋脚1基につき約40日を要したという。

橋桁については、ドイツ製の輸入鋼材を使用。IHIの前身となる現在の東京都中央区佃にある石川島造船所で製造され、列車で余部橋梁駅の隣の鎧駅まで輸送した。

1912（明治45）年1月13日、着工から丸2年、のべ25万人もの人員を要し、11基の橋脚と23連の橋桁からなる全長310・59m、高さ41・45mの巨大な橋脚が完成した。

余部橋梁の完成により、同年3月1日に香住《かすみ》駅〜浜坂駅間が開業し、山陰本線が全通。それまでは、京都の舞鶴と鳥取の境港を結ぶ鉄道連絡船が運航されており、京都駅〜出雲今市駅間は24時間19分かかっていたが、約12時間49分と半減し、運賃も大幅に低減した。

開通後の保守も複雑かつ軟弱な地盤に苦戦

橋梁は海から近く、三方を山に囲まれ、一方は海岸から近い立地。さらに冬季は季節風や吹雪が吹き付け、降雪もあることから腐食が発生してしまい、常に保守作業が必要と

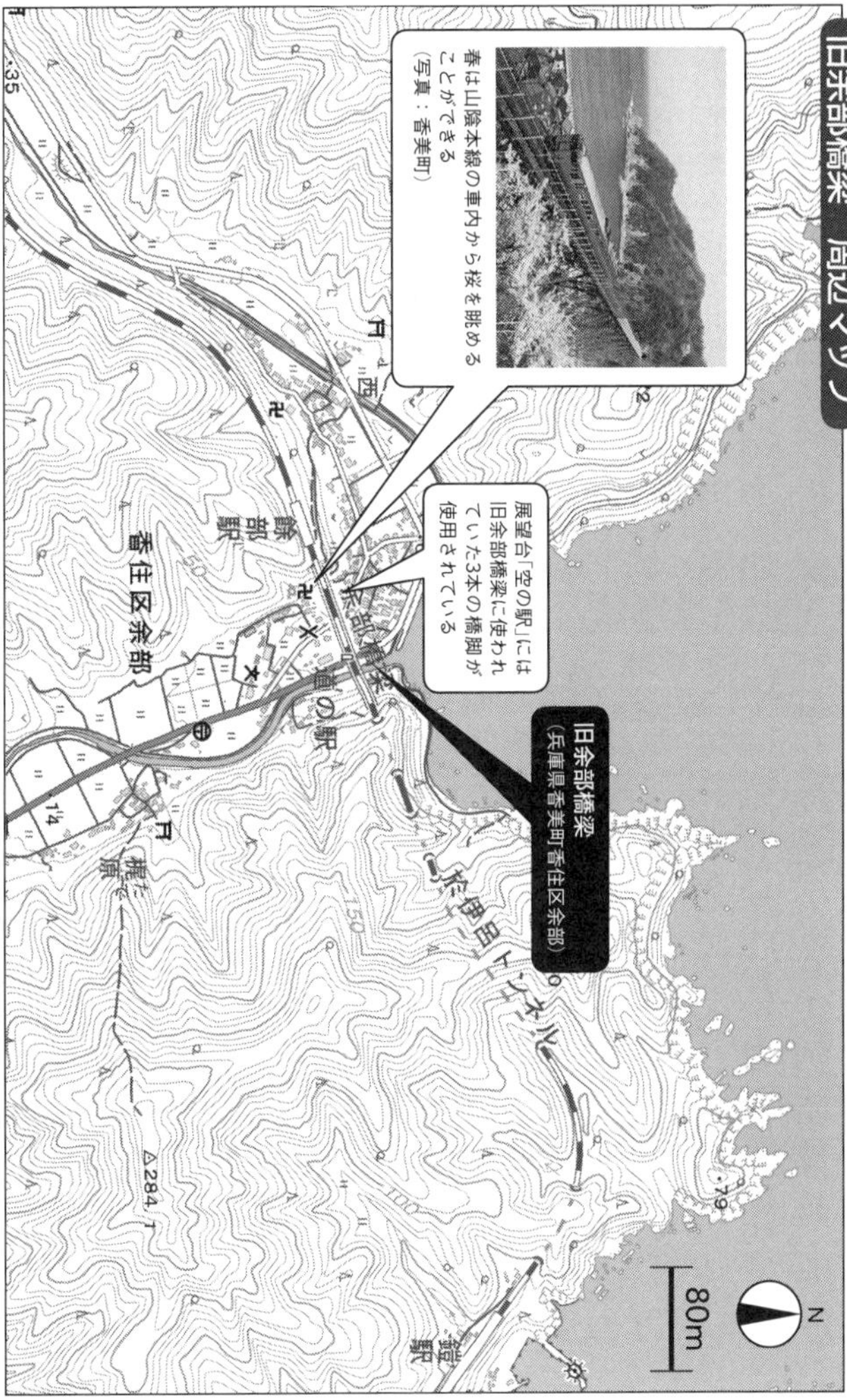
旧余部橋梁　周辺マップ
春は山陰本線の車内から桜を眺めることができる（写真：香美町）
展望台「空の駅」には旧余部橋梁に使われていた3本の橋脚が使用されている
旧余部橋梁（兵庫県香美町香住区余部）
餘部駅
香住区余部
道の駅
西
梶原
鎧駅
N
80m

なった。長年にわたり地道な作業でコンディションを保っていたが、1950年代中盤から1970年代中盤にかけて、長期計画で3次に分けて大規模修繕が行われている。建設当初から最後まで残されたのは、橋桁と橋脚の主塔のみだ。

運行には風が大敵の難所だった。1986（昭和61）年12月28日には、お座敷列車「みやび」の回送列車が突風にあおられ、列車ごと真下の水産工場に転落。主婦5名と列車に乗務中の車掌1名の計6名が死亡する大惨事が起きた。

それまでも橋梁の真下には集落があるため、地元ではボルトやナットなどの鉄道部品から雨水や雪庇《せっぴ》（雪のかぶった山の尾根や山頂などに風が一方方向に吹き、風下方向にできる雪の塊）、列車からのごみなどの落下物に悩まされていた。事故後は、風速規制を強化したため、列車の運休や遅延がたびたび発生し、冬場は特に運行に多大な影響が出ていた。これらの問題を解消するために、余部鉄橋対策協議会が設立され、協議を重ね、腐食の影響なども考慮して新しい橋梁を建設することが決定した。

旧橋梁は2010（平成22）年7月16日夜を最後に、解体された。保存された3本の橋脚は余部鉄橋展望台「空の駅」として生まれ変わり、瓦屋根が並ぶ集落と日本海が一望できる。

建設中の橋脚を鎧駅側からみたところ（写真：香美町）

2005（平成17）年ころ、鉄橋を走る寝台特急出雲号（写真：香美町）

国内最大級の大ループとスイッチバック

JR肥薩線《ひさつせん》

開業年月日	1903(明治36)年1月15日
営業キロ	124.2㎞
駅数	28駅
線種	全線単線
電化方式	全線非電化
輸送密度	吉松駅～隼人駅：605人 ※2019(令和元)年

肥薩線には、人吉駅～吉松駅間の加久藤《かくとう》峠を越える「山線」と呼ばれる区間がある。ループ線とスイッチバックを組み合わせた路線は日本唯一。当時の明治政府が国家の威信をかけ、1899（明治32）年8月から工事に着手、約3年半後に完成した。

この地は、先人たちの苦労と英知を知ることができるおすすめのスポットで、鉄道好き以外にも見慣れない光景を目にすることができる。

また、肥薩線のルート上には、加久藤カルデラの火口壁を越える急峻な峠越えもあり、当時、鉄道先進国だったアメリカの技術にならって工事は進められたという。

高低差が激しい急勾配を性能限界レベルでクリアする

明治30年代は、諸外国との戦争も想定しながら、富国強兵で国力を高めた時期にあたる。「山線」は軍事的見地から選択されたもので、明治政府が海沿いだと敵の艦砲射撃で軍事物

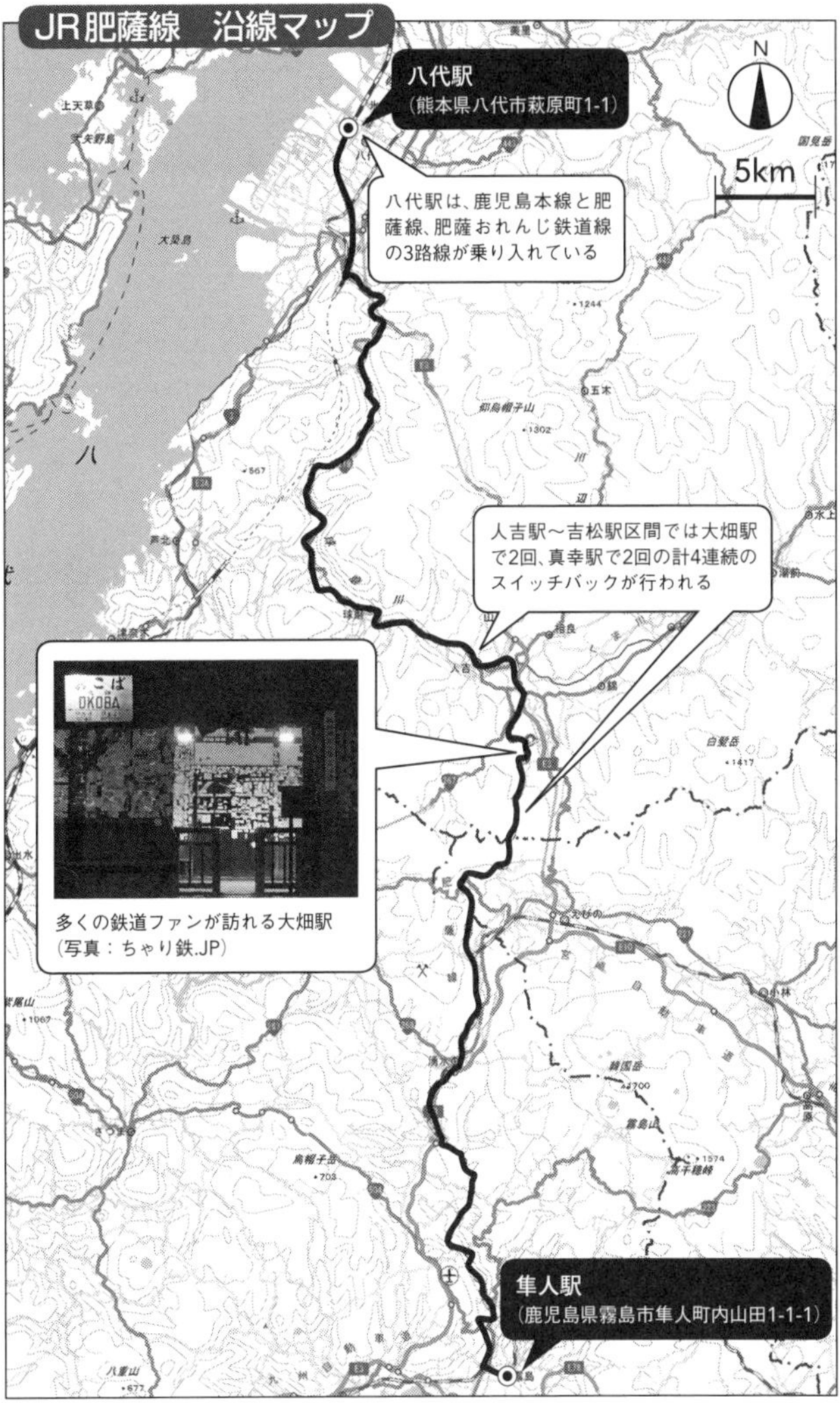
JR肥薩線　沿線マップ
八代駅
（熊本県八代市萩原町1-1）
八代駅は、鹿児島本線と肥薩線、肥薩おれんじ鉄道線の3路線が乗り入れている
5km
N
人吉駅〜吉松駅区間では大畑駅で2回、真幸駅で2回の計4連続のスイッチバックが行われる
隼人駅
（鹿児島県霧島市隼人町内山田1-1-1）
多くの鉄道ファンが訪れる大畑駅
（写真：ちゃり鉄.JP）

流が途絶えてしまうことを恐れ、内陸部を通すことにした。肥薩線が攻撃されたら、九州縦貫の軍事物流が途絶えてしまうのだ。これは避けなければならない。

当時の鉄道は、蒸気機関車。現在の電気機関車やディーゼル機関車のような登坂能力は持ちあわせていない。急峻な峠を登るため、傾斜を緩やかにするループ線を造る工事は熾烈を極めたという。

ループ線を造ったのは、高度を稼ぐのに直通だと不可能だったためでもある。人吉駅から矢岳《やたけ》駅までの高度差は、426・7m。山を大きく迂回するループ線を導入しても、勾配が25‰。さらにその先には、30・3‰の勾配が待っている。山を大きく迂回するループ線を敷いても、蒸気機関車にとっては、性能限界ぎりぎりの勾配だったという。

日本でここにしかないループ線とスイッチバックの複合路線

ループ線の途中に、スイッチバック駅となる大畑《おこば》駅が設けられている。スイッチバックは高度を稼ぐには良い方法の一方で、急峻な山地に水平な場所を確保する目的もあった。

人吉駅から大畑駅までの高度差は、186m。この峠を走る蒸気機関車は性能限界ギリギリまでの馬力を出すため、1分間に250ℓもの水を消費する。そのため、ループの途

大畑駅西側を走るいさぶろう（写真：九州旅客鉄道）

大畑駅西方の人吉盆地を望む（写真：ちゃり鉄.JP）

中に給水・給炭所が必要となった。また、大畑駅には猛烈に吐き出された蒸気機関車の黒煙を拭うために、乗客用の給水設備も備え付けられていた。坂の途中に給水・給炭所を設ければ設備も簡単にできただろうが、蒸気機関車は平坦な場所でなければ、再起動ができない構造だ。

こうして、日本でここしかないループ線とスイッチバックが複合した路線が完成した。当時の秀逸な鉄道技術は「100年レイル」として、今も雄姿をとどめている。

現在は山岳鉄道という見晴らしの良さから、日本三大車窓と呼ばれる景色が楽しめる。そして、経済産業省の近代化産業遺産に指定されている広大なループ線とスイッチバックを味わうために、観光列車の「いさぶろう・しんぺい」や「SL人吉」などが運行されている。全力を出して急勾配を登る列車と、車窓から広がる素晴らしい光景をぜひ、堪能してほしい。

なお、2020（令和2）年の水害で肥薩線は大きな被害を受けてしまい、2021（令和3）年現在も復旧の見通しが立っていない。大畑駅や矢岳駅に設けられたレストラン、宿泊施設などが閉鎖中となっている。一日も早く、在りし日の賑わいを取り戻したいと地元住人や鉄道ファンは強く願っていることだろう。

第4章

都会を走る珍路線!?

不動産業者が都市と鉄道をセットで開発！

山万《やままん》ユーカリが丘線《おかせん》

開業年月日
1982(昭和57)年11月2日
営業キロ
4.1km
駅数
6駅
線種
全線単線
電化方式
直流750V
輸送密度
675人 ※2004(平成16)年

不動産事業者が事業主である珍しい鉄道が、千葉県佐倉市の山万ユーカリが丘線。デベロッパーの山万が、1971（昭和46）年から開発に着手したユーカリが丘ニュータウン内の交通機関を整備するため、1982（昭和57）年に建設・開通させた。

ユーカリが丘の住民は佐倉市の統計によると2020（令和2）年12月時点で7728世帯、1万8792人。若年層増加に伴い、子育て支援施設や大型商業施設も充実している。その一方、高齢者向け福祉施設にも力が入っており、世代を問わず、住みやすい環境が整っている。

「こあら号」を愛称とする山万ユーカリが丘線の、開通初年度の年間利用者数は約6万3000人。2000年代以降は70万人前後で推移している。利用者数の動向からも明らかなように、老若男女が暮らすユーカリが丘エリアの移動手段として不可欠な鉄道となっている。

山万ユーカリが丘駅～地区センター駅間を走るユーカリが丘線（写真：山万）

ニュータウン内4・1㎞を6駅で巡回

路線は、京成電鉄のユーカリが丘駅と接する山万ユーカリが丘駅を起終点とし、運行距離4・1㎞のラケット型となっている。駅数は全6駅で、3駅目の公園駅から、女子大駅、中学校駅、井野駅と反時計回りに運行し、地区センター駅を経由してユーカリが丘駅に戻って来る乗車時間約14分の行程だ。開通当初は山万ユーカリが丘駅～中学校駅間の折り返し運行で、その先の中学校駅～井野駅～公園駅間は開発中。全線開通は1983（昭和58）年になってからだった。

各駅はすべてのニュータウン内の住居から徒歩10分圏内でアクセスできる。始発時刻は京成本線との接続も考慮され、朝の通勤通学時には運行本数が1時間当たり7〜8本あり、終電時間も午前0時過ぎで運行され、ニュータウンの交通の要だ。

山万ユーカリが丘線は、新交通システム「自動案内軌条式旅客輸送システム（AGT）」を民間運営路線として日本で初めて実用化したことでも知られる。AGTには、ゴムタイヤ式で騒音が少ない、排気ガスを出さず環境負荷が低いといった特徴がある。ただ、山万ユーカリが丘線は無人運転することはなく、有人だ。

鉄道計画の立ち上げ当時、地元である佐倉市からは市営バス運行を提案されたというが、AGT導入の意思は揺るがず、断わっている。また、鉄道事業参入の許認可を司る当時の運輸省は、当初、不動産事業者の参入に難色を示していた。そのため、計画の実施にあたって無数の調整を余儀なくされたという。

低コストで可能な乗客に向けたサービスを実施

山万の街づくりに対する熱意により実現した山万ユーカリが丘線だが、夏の暑い日には問題が一つある。実は、車両に冷房が搭載されていないのだ。

開通当時はほかの鉄道業者でも冷房車両は普及しておらず、山万ユーカリが丘線も非冷房

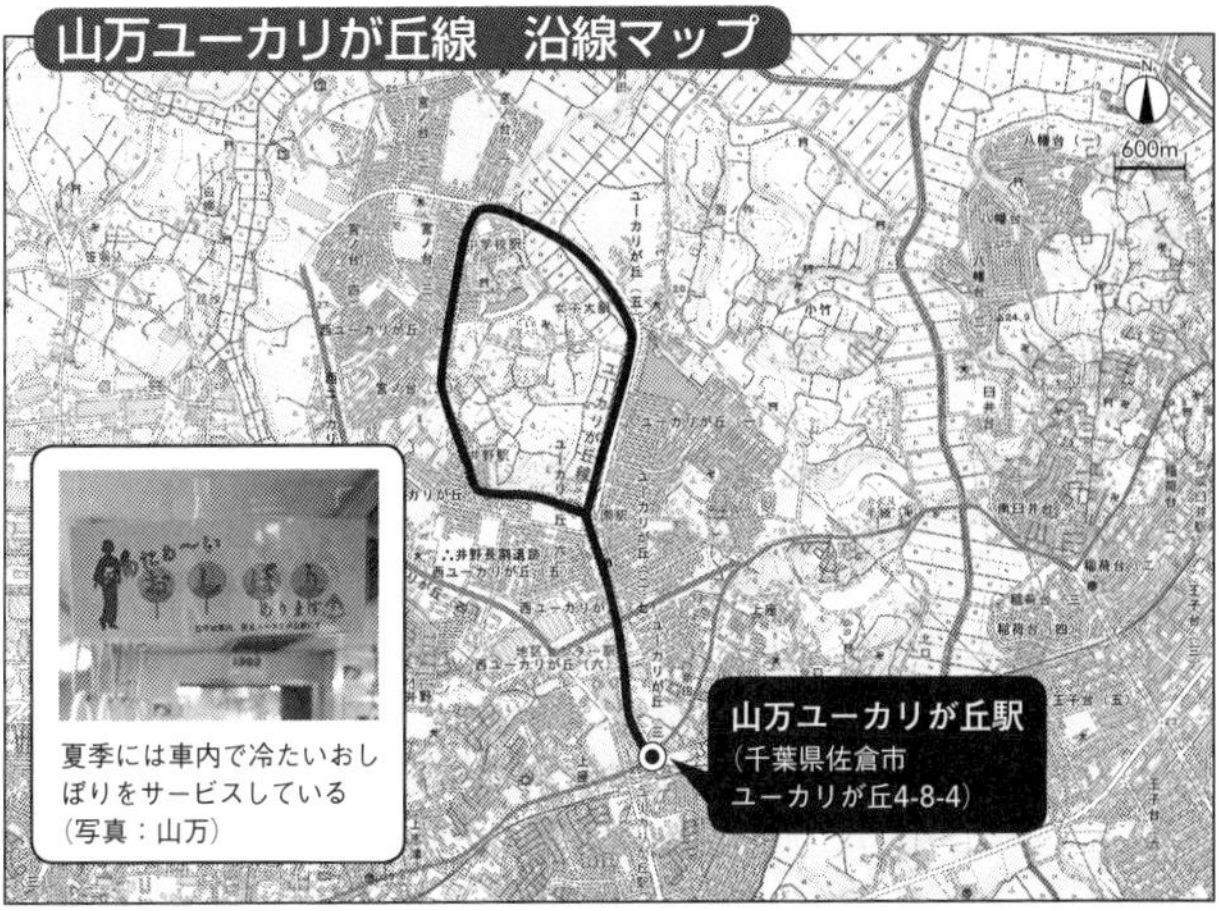

夏季には車内で冷たいおしぼりをサービスしている（写真：山万）

型車両を採用した。また、利用者をニュータウンの住民にほぼ限定した小規模輸送の想定だったため、小型の特殊車両を選んだ。そのため、後年に冷房装置を搭載するにも技術・コストの両面で実現が難しい事情もある。

現在では、他社線は冷房完備が一般化しているが、山万ユーカリが丘線は車内の天井に設置された送風機や窓の開閉で温度を調節せねばならない。夏の暑さが厳しい近年は、夏場限定で、冷えたおしぼりやうちわを無料配布する取り組みを始めた。うちわは山万ユーカリが丘線のイメージキャラクター「Yukari Line Girls」がデザインされている。おしぼりとうちわを手にしての14分間の非冷房耐久乗車は、夏の風物詩なのだ。

日本一海に近い駅は東京湾岸にあった！

ＪＲ鶴《つる》見《み》線《せん》・海《うみ》芝《しば》浦《うら》支《し》線《せん》

開業年月日
1932（昭和7）年

営業キロ
1.7㎞

駅数
3駅

線種
一部複線

電化方式
直流1500V
架空電車線方式

輸送密度
非公表

「都心からでもすぐに行ける秘境路線」として、鉄道ファンを中心に近年人気を集めているのがＪＲ鶴見線の支線・海芝浦支線だ。

ＪＲ鶴見線の本線からは浅野駅で分岐するが、そこから終点の海芝浦駅まではたったの2駅、全長はわずか1・7㎞ほど。ＪＲ鶴見線には本線と海芝浦支線のほかに大川支線という支線があり、本線でも全長約7㎞、大川支線は約1㎞と非常に短い。

ＪＲ鶴見線は鶴見駅を始発とし、横浜市鶴見区と川崎市の京浜工業地帯へと向かう。鶴見小野駅まではマンションなどが建ち並ぶ様子が見えるが、弁天橋駅辺りからは周囲は工場ばかりとなる。また、鶴見駅を除いてすべてが無人駅で、利用客は工場などへの通勤者が多い。そのため、平日の運行本数は多いが、週末は少ない。特に、海芝浦支線は平日が1日24往復、週末になると1日17往復。平日の通勤時間帯は1時間に4本程度運行しているが、午後の時間から夕方になると1時間に1本程度しか走っていない。週末や祝日は多

い時間でも1時間に2本程度だ。

ＪＲ鶴見線の浅野駅で本線から分岐すると、海芝浦支線は旭運河沿いを走り、もう一方は安善《あんぜん》駅へと直進する。運河に平行して走り続けると、正面に東芝エネルギーシステムズ京浜事業所の正門を備えた、新芝浦駅へ到着する。この次が、終着駅の海芝浦駅だ。

ちなみに、もう一つの支線である大川支線も本数は少ない。平日でも朝夕の通勤時間以外はまったく電車が走っておらず、平日でも1日9往復、週末は1日3往復のみだ。

駅の改札から外に出られない!?

海芝浦支線は、１９３２（昭和７）年に新芝浦駅が開業し、続いて１９４０（昭和15）

年に、海芝浦駅まで延伸。戦時中の空襲により一時不通となったが、1948（昭和23）年には復旧した。それからは、鶴見駅と京浜工業地帯を結び、戦後の発展を支えてきた。

鶴見駅からわずか11分で、終点の海芝浦駅へ到着する。列車を降りると、多くの人はまず、その景色に驚く。海芝浦駅は、ホームの横に海が広がり、柵のすぐ外まで水が迫っている。その向こうには、首都高速湾岸線の鶴見つばさ橋や横浜ベイブリッジが見え、船が航行する様子が見える。対岸には工場群が林立している景色も望める。

ホームに降りても、一般客はこの駅から出ることができない。外に出られるのは、東芝エネルギーシステムズ京浜事業所の関係者のみだ。一般客が駅の外に出るには、事前に許可申請をする必要がある。また、事業所の方を写真撮影することも禁止されている。私有地内のため、海芝浦駅までは一般道も通っておらず、ここまでは電車で来て、そのまま電車で帰るしかない。

それでも多くの鉄道ファンが海芝浦駅へ足を運ぶのは、この非日常を感じさせる風景のためだろう。駅の外に出ることはできないが、東芝エネルギーシステムズによって、駅に隣接する海芝公園が9時〜20時30分まで開放されている。小さな公園だが、ベンチに座って東京湾を一望することができる。

海が間近に迫っている海芝浦駅

海芝浦駅に到着した電車は、15分ほどで降り返しの電車が発車する。たとえわずかな時間だけでも、この絶景は見ておく価値がある。2000（平成12）年には、「関東の駅百選」に選定された。

海芝浦駅は、東芝の前身である芝浦製作所の社名から名づけられたそう。JR鶴見線の駅はほかにも、鶴見線の前身である鶴見臨港鉄道の創業者・浅野総一郎の名にちなんだ浅野駅や、日本の製紙王と呼ばれた大川平三郎にちなんだ大川駅など、鶴見の埋め立て地区の発展に関わる企業や人物から名づけられた駅名が多い。

これは海芝浦支線の沿線が、日本有数の工業地帯ならではの由来といえるだろう。

始点から終点まで乗車時間8分の日本最短路線

紀州鉄道線《きしゅうてつどうせん》

開業年月日	1931(昭和6)年6月15日
営業キロ	2.7㎞
駅数	5駅
線種	単線
電化方式	全線非電化
輸送密度	10.7人 ※2016(平成28)年

紀伊半島南西部の和歌山県御坊《ごぼう》市を走る紀州鉄道線は、運行距離2・7㎞で日本一短いローカル鉄道として知られる。運行距離では2002（平成14）年に千葉県成田市で開通した芝山鉄道が2・2㎞と最も短いが、芝山鉄道の場合は京成電鉄との相互直通運転であるため、単独の鉄道路線としては、依然、紀州鉄道線が日本で一番短いといえる。

専用駅舎はなくホームはJRから間借りする御坊駅

紀州鉄道線は非電化路線で、列車は時速20㎞余りでのんびりと走る。それでも、たった総距離2・7㎞しかないため、全区間を乗車しても片道の所要時間は約8分だ。運行ルートは市の中心部を貫いているが、御坊市は人口2万2000〜3000人の小さな都市。市役所周辺以外は、紀伊半島内陸部の山々を遠方に従えた穏やかな田園風景が広がっている。

運行距離が短いため、駅数も起終点駅の御坊駅、西御坊駅を含めて5駅しかない。しかも、紀州鉄道専用の駅舎は持っていないので、発着はJR御坊駅の0番線。御坊駅はJRからホームを間借りしていることになる。ちなみに、本社所在地も御坊市内ではなく東京都で、途中駅の紀伊御坊駅に御坊支店が置かれているのみだ。

紀州鉄道線は、日本一短いローカル鉄道として知られる。また、途中駅の「学門駅」は近隣に高校と中学校があることに由来するが、駅の入場券が「学びの門に入場する券」の意味にも解釈できるため、合格祈願の縁起物として注目されている。なお、学門駅は無人駅のため、入場券は隣の紀伊御坊駅の窓口での購入となる。

市民とみかんの輸送に活躍した昭和30年代

紀州鉄道線の前身となる御坊臨港鉄道の設立は１９２８（昭和３）年。当時、国鉄紀勢《きせい》西線（現ＪＲ紀勢本線）の延伸工事が進行中で、御坊市も通過する計画ではあったが、国鉄御坊駅の設置場所が市街地から離れるため、市民が資金を捻出して御坊臨港鉄道を立ち上げた。紀州鉄道に社名が変わったのは１９３１（昭和６）年で、当時は旅客とともに木材や和歌山名産のみかんなどの貨物輸送も多かった。

実は、設立当初、路線は貨物輸送のため日高川河口にある日高港近郊まで続いており、運行距離は現在より長い３・４㎞だった。利用者数は昭和30年代にピークを迎え、年間利用者数は１００万人を超える。当時の御坊市人口は3万人程度で、現在と比べて大幅に多い人口ではないものの、モータリゼーションの流れが本格化する前であったため、市民の生活路線として重要な役割を果たしていたのだ。

しかし、その後の車社会への移行や人口の伸び悩みの影響により、利用者数は減少に転じる。近年の利用者数は年間10万人台で推移しており、ピーク時の10～20％ほどにまで縮小してしまった。

また、貨物輸送も昭和の後半から衰退していく。１９８４（昭和59）年には、紀州鉄道

御坊駅に停車する車両(写真：「職人さんのツーリング日記」ヒロ)

を利用した貨物輸送が廃止されたことで、西御坊駅から日高川駅までが廃線となり、現行の運行区間となった。

運行本数が多くないうえ、利用者減少が止まらない紀州鉄道線ではあるが、存続を危ぶむ声は聞こえてこない。それは、本体会社の事業が多角化し、全国展開するホテル事業が主力となった今でも、鉄道事業を会社設立時から続く看板として大切に維持しているためだろう。

また、御坊市民から故郷の誇りとして愛されていることも、存続の後押しとなっているだろう。苦しい運営が続く紀州鉄道線だが、御坊市の象徴としての存在意義は昔も今も変わらないのである。

日本一の路面電車に世界唯一の「珍光景」

とさでん交通《こうつう》

開業年月日	2014（平成26）年10月1日
営業キロ	25.3km
駅数	76停留所
線種	複線
電化方式	全線電化
輸送密度	3158人 ※2019（令和元）年

高知県で〝電車〟といえば、とさでん交通が運行する路面電車のこと。実は、高知県内の鉄道には電化路線は存在せず、これだけが唯一「電車」として走っているのだ。

高知駅南側にある「はりまや橋」を中心として、東西南北に軌道が敷かれ、路面電車は市内中心部の交通を担っている。はりまや橋から西側は、いの町まで11・2kmをつなぐ伊野線、東側は、南国《なんこく》市の後免《ごめん》町停留所まで10・9kmをつなぐ後免線が走っている。この両路線と直角に交差するようにして、高知駅からはりまや橋を通り、桟橋通五丁目停留所までを南北に貫くのが桟橋線だ。

これらを合わせた総延長キロは25・3km。現在、日本で走っている路面電車の中では最も長く、最大規模といっていいだろう。短距離間の移動だけでなく、町と町を結ぶ都市間電車としての一面も持ち合わせている。

1904（明治37）年5月2日、とさでん交通の前身となった土佐電気鉄道が全国で10

トリプルクロスをデンツーターミナルビルより俯瞰して見た様子（写真：とさでん交通）

番目に路面電車を開通させた。当初は、桟橋駅〜梅ノ辻駅間を結ぶ潮江《うしおえ》線、堀詰《ほりづめ》駅〜乗出《のりだし》駅間を結ぶ本町線のみの営業だったが、工事が続々と進められ、1908（明治41）年には伊野線が、1925（大正14）年に後免線が全通した。さらに、1928（昭和3）年には高知駅前からはりまや橋を通り梅ノ辻へ接続。この時点で、ほとんど現在に近い路線網が形成された。

世界でも類を見ない!? 奇跡の「トリプルクロス」

三つの路線が集結し、多くの路面電車が行き交うとさでん交通の中心地・はりまや橋の交差点は、線路が平面で交差する「ダイヤモンドクロッシング」という構造になっており、非常に珍しい。特に、ほぼ90度で直交するものは、日本全国でも名古屋鉄道名電築港《めいでんちくこう》駅など、数例しか現役では存在していない。また、伊予鉄道（P124参照）でもダイヤモンドクロッシング構造が見られる。

そんなはりまや橋交差点に、その上をいく珍現象が発見された。平日朝、通勤ラッシュの時間にここに進入する路面電車の車両。さらに、対向車線から別の車両が進入し、交差するように入れ違う……かと思えば、また違う車線から、なんと3両目の車両が現れる。そう、ダイヤモンドクロッシング上を、まったく同じタイミングで3両の路面電車がすれ違うという光景が起こるのだ。

その名も「トリプルクロス」。広い交差点の四方に渡り線がついており、車両もコンパクトなとさでん交通ならではの光景だが、必ず見られるとは限らない。トリプルクロスが起こる「可能性がある」タイミングは、平日の朝8時12分ごろの1日1回のみ。高知駅発で伊野線へ進入する電車と、その反対に、西側から来て高知駅前に向かう電車、そして、後免町から来た桟橋車庫前行きの電車が桟橋線の桟橋方面に進入することで発生する。

厄介なのはこの3両目で、本来であれば約1分前には交差点を通過し終えているはずのダイヤとなっている。この電車に運行状況により若干の遅延が発生することで、3両の車

相対式2面2線を有する伊野線の終点となる伊野停留所（写真：歩鉄の達人）

両が同時に交差する、という珍しい光景が生まれるのだ。

このことが話題となり、ダイヤモンドクロッシングを見下ろせる客室のある「西鉄イン高知はりまや橋」が、その部屋の宿泊を確約する「トリプルクロスプラン」を販売するなど、観光名所として盛り上がった。2018（平成30）年には、トリプルクロスを紹介する看板の設置プロジェクトとして、とさでん交通がクラウドファンディングを実施し、279人からの支援が集まった。目標60万円に対し、集まった金額は、なんと227万9000円。無事に看板は制作され、交差点近くのデンテツ・ターミナルビルに設置された。

電車同士のレールが十字に交差!?

伊予鉄道《いよてつどう》

四国最大、50万人の人口を誇る愛媛県松山市。中心部の松山城とJR松山駅の間に位置する伊予鉄道大手町駅付近には、「日本でここだけ」の特徴がある。

ここでは、松山駅方面と松山城方面を行き来する路面電車が駅前の通りを東西に走っている。大手町駅前停留所まで来た路面電車は、横切るように敷かれている鉄道の手前で、一時停止する。目の前には踏切があり、遮断機が降りているのは、どこでも見られる風景だ。この踏切内を軌道線の路面電車が通過してゆくとなると、貴重なシーンだろう。

つまり、「電車が電車の踏切待ちを行う」という、非常に珍しい「電車待ち」の光景が見られる。交わっているのは伊予鉄道の郊外線である高浜線と、路面電車の松山市内線。大手町駅前は鉄道線と軌道線が平面で直交している日本唯一の場所なのだ。

ちなみに、「直交ではない」鉄道線と軌道線の平面交差であれば、日本にもう一カ所存在する。一つ隣の古町《こまち》駅だ。駅南側の踏切付近では、高浜線の本線を斜めにまたぐように

開業年月日
1887(明治20)年10月28日
営業キロ
鉄軌道:43.5km(鉄道:33.9km、軌道:9.6km)
駅数
鉄道線:35駅 軌道線:28停留所
線種
複線
電化方式
全線電化
輸送密度
非公表

車窓からも線路の交差が確認できる（写真：ちゃり鉄.JP）

して、松山市内線の路面電車が交差するポイントがある。踏切で交差するわけではないので「電車の踏切待ち」こそ発生しないものの、車両がバッティングした場合は、路面電車は鉄道車両が通り過ぎるまで信号待ちすることになる。

松山市内線は松山城を囲むようにして敷かれた城北線、城南線、本町線、大手町線、花園線の総称で、市内電車とも呼ばれる。主要な鉄道駅付近のほか、県庁前、市役所前、日本最古の温泉ともいわれる道後温泉など、市民や観光客の足として親しまれている路面電車だ。なお、古町駅〜平和通一丁目駅を結ぶ城北線だけは、鉄道事業法に基づく鉄道として運行していている。

機関車の「仕掛け」を現代風に再現

伊予鉄道は1887（明治20）年に設立され、松山駅～三津《みつ》駅間で日本最初の軽便《けいべん》鉄道を開業。市内や郊外へ路線を増やすとともに、古町駅～道後駅～松山駅間を開業した道後鉄道、松山駅～郡中《ぐんちゅう》駅間を開業した南予《なんよ》鉄道といった競合他社を吸収していく。

1921（大正10）年に、伊予鉄道が住吉町駅～道後駅間で路面電車を運行していた松山電気軌道を吸収合併した時点で、おおむね現在の市内線の基本となる形はでき上がっていた。以来、路線の廃止や区間の変更などを経つつも、100年以上にわたって市内の足を担ってきたのだ。

現在、市内線では一般的な路面電車の車両のほかに、モクモクと煙を上げて走る蒸気機関車のような車両が走っている。これは伊予鉄道開業間もないころから活躍した蒸気機関車の再現車だ。

伊予鉄道の主力を担った蒸気機関車は夏目漱石の小説『坊っちゃん』に登場し、以来「坊っちゃん列車」の愛称で親しまれてきた。列車の電化に伴い「坊っちゃん列車」は姿を消したが、地元の声などを受け復元され、2001（平成13）年に満を持して復活を遂げた。往時の姿をモデルにしつつも、ディーゼルエンジン方式を採用している。

タテが路面電車、ヨコに交差するのが郊外線の線路（写真：ちゃり鉄.JP）

とはいえ、蒸気機関車ならではのドラフト音を車外スピーカーで鳴らしたり、煙突から水蒸気を煙に見立てて発煙したりと可能な限り、現役時代を忠実に再現している。

また、運転士・車掌の服装にもこだわり、資料を基にしてできる限り当時の姿に近づけており、この光景を懐かしむ地元の住人や観光客も多い。

松山市駅前には入場無料で楽しめる「坊ちゃん列車ミュージアム」があり、館内には、当時の機関車を再現した原寸大レプリカや車輛部品、資料が揃っている。

かつて町のシンボルだった「坊っちゃん列車」が、時を経て新たな町のシンボルとして復活したのだ。

路面電車なのにトンネルがある!!

長崎電気軌道《ながさきでんききどう》

長崎電気軌道は、1914(大正3)年8月2日に設立された。1915(大正4)年、11月に病院下停留場から築町《つきまち》停留場を皮切りに、延伸を続けてきた。

需要があるエリアに路線を伸ばしてきた長崎電気軌道だが、1985(昭和60)年に都市機能や都市環境を改善し、活力と魅力に満ちた都市を再生するために「ナガサキアーバンルネッサンス構想2001」が策定されたことに伴い、これまで国道沿いを走っていた既存路線の一部のルート変更が要請される。

移転が予定された用地の一部には、1975(昭和50)年から月極駐車場として営業してきた自社の社有地が含まれていた。しかし予定のコースでは、月極駐車場が分断されて運営ができなくなってしまう。そこで、経営陣の発想で分断された社有地を有効活用するため、線路上も含めて商業施設を造ることにした。

こうして生まれたのが「長崎西洋館」である。1990(平成2)年に開業し、現在も

開業年月日	1914(大正3)年8月2日
営業キロ	11.5㎞
駅数	39停留所
線種	複線
電化方式	全線電化
輸送密度	12,335人 ※2019(令和元)年

西洋館トンネルを走り抜ける「300形みなと」（写真：長崎電気軌道）

大規模商業施設として、長崎市民の憩いの場となっている。建物が社有地に建っていることから、経営も子会社の「ナガデンクリエイト」が行っている。本社から同館3階に移転した「路面電車資料館」では模型やパネルが展示され、歴史を学ぶことができる。

本物と偽物のトンネルが存在する!?

長崎電気軌道には、路面電車唯一といわれるトンネルがある。長崎西洋館を通り抜ける「西洋館トンネル」だ。長さは74m、浜口町と松山町の間にあり、名称通りに建物の1階をぶち抜いて通っている。西洋館の下を通ることから「西洋館トンネル」という。

建物の1階を路面電車が通るのは珍しい光

トンネルではなく「立体交差」の桜町を走る308号車（写真：長崎電気軌道）

景だ。この建物を国に申請するときに、1階部分の線路をトンネルとして長崎電気軌道から申し出ていた。

この長崎電気軌道には、ほかにもトンネルの〝ような〟くぐるスポットが存在する。

実は、桜町から公会堂の路線には、同じような建物がある。市営桜町駐車場や国道34号をくぐる場所だ。ここは長さが170mもあるので、まるでトンネルのようだ。しかし、これは実際のトンネルより長くても、立体交差の扱いだという。トンネルは「施工法は問わないが仕上がり断面積が2㎡以上」と定義されているそうで、クリアできないのだろうか。見た目だけで判断するなら、誰もがトンネルと思ってしまうのも無理はない。

第5章
伝説の秘境廃線・未成線

148kmを走る長大路線も人口減には勝てず

JR天北線《てんぽくせん》

天北線の起点は、旭川や名寄《なよろ》からさらに北上した位置の音威子府《おといねっぷ》駅。そこから、オホーツク海側の浜頓別《はまとんべつ》駅を経由して鬼志別《おにしべつ》駅まで、海沿い稚内に至るこのルートは、もともと宗谷本線として開通。しかし、宗谷本線は１９３０（昭和５）年、音威子府駅から反対側の日本海へ進む天塩《てしお》線のルートに変更され、オホーツク海側は北見線となった。その後、北見線は１９６１（昭和36）年に、天北線と改称されたというややこしい歴史を持つ。

天北線は特定地方交通線の中では長大で、総距離は１４８・９km。一時期は急行も走らせるほどだったが、極端な人口希薄地帯で、ほとんどは無人駅。冬期の厳しい気象状況、稚内へ向かうルートとしては、日本海側を通る宗谷本線より約22km遠回りになるなど、明るい材料はなく、１９８９（平成元）年に廃止。鉄道で稚内へ行く手段は宗谷本線のみとなってしまった。「宗谷本線よりもよりローカル度が高かった」「海沿いの景色が良かった」と、鉄道ファンの間では今も惜しむ声が絶えない。

開業年月日
1914（大正3）年11月7日

廃止年月日
1989（平成元）年5月1日

営業キロ
148.9km※

駅数
30駅※

線種
全線単線※

電化方式
全線非電化※

※廃線時点

JR天北線　沿線マップ

音威子府駅にある天北線資料室。当時の発車時刻表や駅名標、乗車券などが展示されている
（写真：北海観光節）

廃線後の代替路線のバスも赤字

乗客がほとんどいなかったとはいえ、ゼロではなく、また車社会とはいえ、交通弱者は存在するところが沿線自治体の悩みだった。路線の廃止と同時に、天北線をなぞるようにして鉄道交換バスが走ることになった。しかし、バス運行も当初から赤字運営だった。

5年後には、自治体の援助を受ける地方バス路線に移行となり、どんどん減便された。2010(平成22)年、稚内駅〜音威子府駅間の4時間以上かかるルートを鬼志別駅で系統を分割し、翌年に、観光客利用を狙ってルートを宗谷岬経由へと変更した。

そうすると、また新たにバスが通らなくなる場所が生まれた。音威子府村は村民の路線バス利用がゼロであったため、天北線代替輸送連絡調整協議会から脱会。鉄道に次ぎ、路線バスもいつ消滅するかといった様子だ。現在、稚内駅〜音威子府駅間の路線バスは1日4本ずつ走っている。

廃線となった今も各所に多数残る現役時代の面影

「天北線の名残を味わいたい!」という鉄道ファンは多いはず。浜頓別駅〜猿払《さるふつ》駅間の旧天北線廃線跡を利用した21・2㎞に、朽ちた駅舎跡などをたまに見ることができる北オホー

かつての天北線が分岐する音威子府駅（写真：北海観光節）

天北資料室には現役当時の看板や行き先表示などが並ぶ（写真：北海観光節）

ツクサイクリングロードが造られた。クッチャロ湖を望む高台からの眺めも素晴らしいと評判だったが、熊の出没により通年通行止めになり、2年が経つ。

では「日本三大駅そば」の一つに数えられ、全国にその名が知れわたる音威子府バスターミナル内の「常盤軒」はどうか。わざわざ、このそばを食べるために、全国各地から人が訪れていた昭和初期創業の老舗は、残念ながら主人が2021（令和3）年の2月に84歳で亡くなり、88年の歴史に幕を閉じた。

ある旅人が駅そばを食べに行った際、おばちゃんと話し込んだ証言がある。店が宗谷本線と天北線の乗り継ぎ待合所にあった時代のこと。特急で音威子府駅を通る際、停車時間が短いので、そばは事前に電話で注文する。おばちゃんが特急列車の乗り口までそばを配達する。乗客は出前そばを車中で食べて、器は車掌に渡す。車掌は次の停車駅で反対行きの列車の車掌に器を渡し、店へ返却する神業リレーが行われていたという。

音威子府、中頓別、浜頓別、鬼志別バスターミナルは駅舎だったこともあり、それぞれ天北線資料館が設けられ、思い出の品々が並ぶ。

敏音知《ぴんねしり》駅跡には天北線モニュメントが設置され、ミニホームには駅名標のレプリカが置かれるなど、記憶をとどめるスポットが散らばりながら存在する。

戦争に全通を阻まれ盲腸線に

JR岩泉線《いわいずみせん》

開業年月日	1942(昭和17)年6月25日
廃止年月日	2014(平成26)年4月1日
営業キロ	38.4㎞※
駅数	9駅※
線種	全線単線※
電化方式	全線非電化※

※廃線時点

ＪＲ岩泉線は、起点の茂市《もいち》駅と現在は廃駅となった岩泉駅とを結ぶ、１日３往復のみのローカル線。９つの駅があったが、前出の2駅を除いて、すべて無人駅だった。

主な利用者は地元の通学客で、廃線の前年にあたる２０１３（平成25）年の輸送密度は23人。カラマツやブナに覆われた里山や線路脇に広がるのどかな水田など、日本の原風景が楽しめる路線として、鉄道ファンから根強い人気を誇っていた。また、マニア垂涎《すいぜん》の秘境駅もあった。近くの国道から、木造の人道橋で川を渡らなければアクセスできなかった押角《おしかど》駅だ。鬱蒼とした森の中にたたずむホームが、旅情をかき立てていただろう。

戦争や人口減には勝てず敷設工事は中断

元々、この路線の運用が始まったのは、旅客輸送が目的ではなく、軍需物資を運ぶため。県内北東部の岩泉町を流れる小本《おもと》川上流で、耐火煉瓦の原料となる耐火粘土が採掘されたことに端を発する。

　折しも、第二次世界大戦に日本軍が参戦したころ。当初は、国鉄山田線の途中駅、茂市から岩泉町の浅内《あさない》を目指す計画で、ゆくゆくは三陸海岸沿いの小本まで路線を延ばすことを考えていたようだ。だが、現実には突貫工事の末、全体の半分にも満たない茂市駅〜岩手和井内《わいない》駅間のみで、1942（昭和17）年に、地名を由来とした小本線として開業。その2年後には、岩手和井内駅〜押角駅間も開通した。

　しかし、戦況の悪化で経済的に厳しくなり、敷設工事は中断。そのまま終戦を迎えた。

　小本線全線開通の夢は道半ばでたち消えになるかと思われたが、戦後の復興においても耐火粘土は需要があったため、ふたたび着工する。段階的に工事が進められて、1957（昭和32）年には浅内駅まで、そして1972（昭和47）年には岩泉駅まで延伸。これを機会に小本線から岩泉線に改称したが、名を変えた時点で運命は決まっていたといえよう。

　念願の駅が町の中心部にできた岩泉駅を中心に、開業後は観光客で賑わって利用者が増えた岩泉線。しかし、それは一時的なものに過ぎず、1975（昭和50）年を境に、利用者数は減少の一途をたどる。また、都市部への人口流出が顕著になり、輸送密度が低いといった理由から、それ以降は岩泉線が小本駅まで延伸する日は訪れなかった。

岩泉線　沿線マップ
N
2km
旧岩泉駅
（岩手県岩泉町中野40-42）
小本駅
（岩手県岩泉町小本南中野241）
岩泉駅〜小本駅間の延伸計画
（詳細不明）
木造の駅舎が残る浅内駅。かつては
交換設備を備えていた
（写真：森口誠之）
押角駅の車両1両分の長さしかない板張りの
ホームには待合室もベンチもないが、空転防止
対策用の砂を入れるタンクは設置されている
茂市駅
（岩手県宮古市茂市3-159-9）
宮古市

奇跡の存続決定から一転して廃線に

深刻な赤字にあえいでいた80年代前半の国鉄末期。岩泉線は、一度は廃止対象路線に選ばれたものの、除外という意外な結果に。というのも、急カーブの連続かつ普通車のすれ違いが困難など、並行道路未整備につき、代替手段のバス運行が難しいと判断されたからだ。

ＪＲ東日本に移行した後もたびたび廃止案が浮上したが、地域住民から「バスは安全性に問題がある」などの声もあり、回避できていた。

ところが、２０１０（平成22）年7月、土砂崩れによる脱線事故が発生し、その日から長期運休した。後日、関係者の調査によって、１１１におよぶ危険箇所が明らかに。安全対策にかかる費用は１３０億円との試算だった。復旧を望む声もあったが、工事費や乗車数や利益を考慮したＪＲ側の判断により、２０１４（平成26）年4月1日付で惜しまれながらも廃線となった。

現在、岩泉線の面影を感じられるスポットは多くない。だが、岩手和井内駅〜中里《なかさと》駅間は、片道３㎞をレールバイク（自転車）で往復する「岩泉線レールバイク」が運行されている。汗をかきながら岩泉線の往時を偲ぶのもいいかもしれない。

冬の押角駅。沿線住民の足として頼りにされていた（写真：森口誠之）

2007（平成19）年ごろ、岩泉線現役時代の岩手大川駅（写真：森口誠之）

佐久間線《さくません》

地域産業へも貢献する遺構の数々

長野県の諏訪湖から始まり静岡県の遠州灘に流れ込む、一級河川の天竜川。その流れは深い谷をつくり、水量の多い急流は古くから氾濫が多く「暴れ竜」と呼ばれた。

JR飯田線は戦時中に国有化されるまでは、私鉄4社の路線が直結していた。一部は天竜川に沿って走っているが、中部天竜駅以南は天竜川の西へとそれていく。そのため、天竜川中流域にあたる長野県伊那から静岡県遠州地域は鉄道の空白域となり、その間を結ぶ路線として、旧国鉄佐久間線が計画された。天竜川の治水や電力開発事業に伴うダム建設資材の運搬のほか、山間部の地域の過疎化対策を目的としていた。

佐久間線敷設が計画されたのは、1922（大正11）年。旧国鉄二俣《ふたまた》線遠江二俣駅、現在の天竜浜名湖鉄道天竜二俣駅～飯田線の中部天竜駅間を結ぶ予定だった。20カ所の橋、14カ所のトンネルを有する総距離約35㎞の路線を計画。1967（昭和42）年に、現在の鉄道建設・運輸施設整備支援機構である日本鉄道建設公団が主体となって着工した。

起工年月日	1967（昭和42）年7月12日
中止年月日	1980（昭和55）年12月10日
営業キロ	35.0㎞※
駅数	8駅※
線種	全線単線※
電化方式	全線非電化※

※計画段階

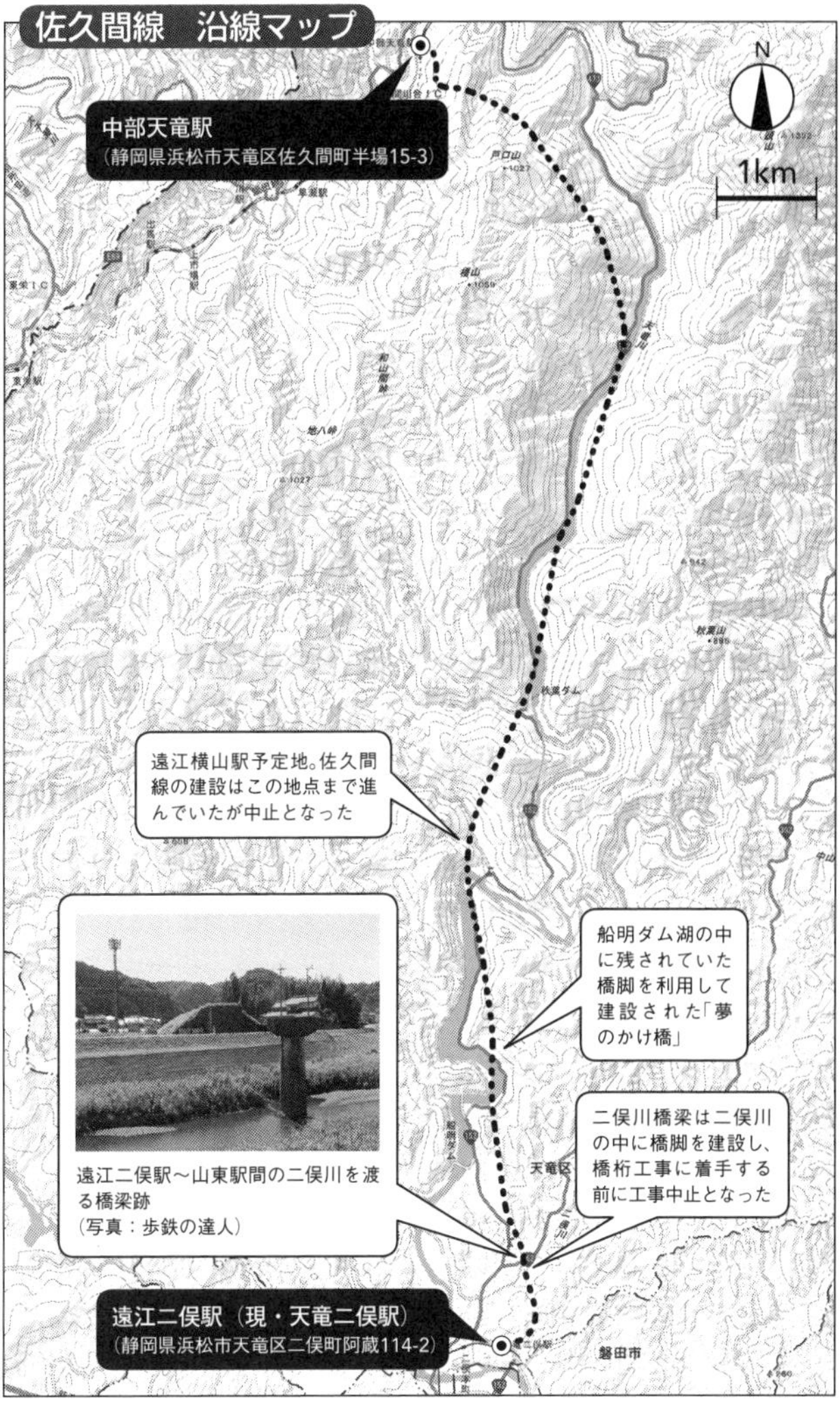
佐久間線　沿線マップ
中部天竜駅
（静岡県浜松市天竜区佐久間町半場15-3）
1km
N
遠江横山駅予定地。佐久間線の建設はこの地点まで進んでいたが中止となった
船明ダム湖の中に残されていた橋脚を利用して建設された「夢のかけ橋」
遠江二俣駅～山東駅間の二俣川を渡る橋梁跡
（写真：歩鉄の達人）
二俣川橋梁は二俣川の中に橋脚を建設し、橋桁工事に着手する前に工事中止となった
遠江二俣駅（現・天竜二俣駅）
（静岡県浜松市天竜区二俣町阿蔵114-2）
秋葉ダム
天竜区
磐田市

工事は1979（昭和54）年度までに、遠江二俣駅～遠江横山駅間の約13㎞が完了した。しかし国鉄の経営悪化から、翌年には「国鉄再建法」に基づいて、工事が凍結。第三セクターでの開業も模索されたが、黒字転換は不可能ということでそのまま計画廃止になってしまった。ちなみに、代わりにこの区間を走っていた路線バスも、運行会社が何度も変わった末に撤退し、現在は浜松市自主運行バスが集落を結んでいる。

ワインセラーに道の駅？　生まれ変わった遺構

佐久間線は多くの遺構が残る。天竜二俣駅の東側約500mには白山トンネルの坑口が、さらにその北側の阿蔵《あくら》川には橋梁が見られ、ほかにも川の中にポツンと橋脚が立つ二俣川橋梁や、山王トンネル、船明《ふなぎら》トンネル、相津《そうづ》トンネルなどが確認できる。残された遺構もあれば、船明駅建設予定だった場所の築堤のように、撤去されたものもある。直線的に鉄道を通すため、地域を分断するように築かれた築堤や高架橋には、主要道路や生活道路への転用が難しいものが多かったためだ。

また、民間に払い下げられ、新たな姿に生まれ変わった遺構もある。その一つが船明駅予定地と相津駅予定地の間に造られた、天竜川第2橋梁だ。船明ダム湖に橋脚のみが完成

橋脚まで造ったところで工事が中止になった「夢のかけ橋」（写真：歩鉄の達人）

した状態で残されていたが、２０００（平成12）年にこの橋脚に橋桁が架設され、「夢のかけ橋」という歩行者・自転車用の遊歩道が完成し、再利用されている。

「夢のかけ橋」の相津側のたもとには、かつての相津駅建設予定地に「道の駅天竜相津花桃の里」が建つ。そのすぐ裏手にある相津トンネル坑口は、年間を通して気温約17℃、湿度70〜80％ほどに保たれていることを活かし、天然のワインセラーとして利用されているという。ほかにも、気象庁気象研究所観測施設となっている船明トンネルや、シイタケなどの農産物栽培に利用されているトンネルもある。過疎対策のために計画された佐久間線は、遺構が今も地域産業に役立っている。

残された鉄道遺構はバス専用線に転用

五新線《ごしんせん》

起工年月日
1937(昭和12)年3月7日
中止年月日
1982(昭和57)年12月10日
営業キロ
120.0km※
駅数
11駅※
線種
全線単線※
電化方式
全線非電化※

※計画段階

かつて、紀伊半島を縦断する壮大な鉄道建設計画があった。十津川《とつかわ》村を経由して、奈良県五條市と和歌山県新宮市をつなぐ五新線である。沿線にあたる奈良県南部の吉野川・熊野川流域は、吉野杉などを産出する日本有数の木材産地であり、市外から離れると急坂が多くなる。明治末期から鉄道を使用した木材輸送のために、鉄道開通を要望する声が高まり、沿線の地域住民の陳情が実を結んだ計画実施だった。

太平洋戦争による資材不足が原因で工事をストップ

1937（昭和12）年に五條市側から工事が始まり、吉野川を横断する橋の橋脚建造や生子《おぶす》トンネルの開通まで進んだ。しかし、太平洋戦争の勃発により資材不足が深刻化し、中断を余儀なくされたのだ。戦後、工事はなんとか再開し、1959（昭和34）年には、西吉野村城戸までの路盤工事が完了した。次は軌道敷設という段階に入ったものの、この時

五新線　沿線マップ
五条駅
(奈良県五條市須恵3-1-9)
国道168号から目にする第1丹生川橋梁は土木遺産として価値がある
和歌山線と共用区間でもある五条駅～野原駅間の東浄川橋梁
(写真：歩鉄の達人)
五新線は、五条駅～阪本駅までの区間を阪本線として先行開通させる予定だった。当時は城戸駅～阪本駅間も工事が進められていた
紀伊山地
奈良
紀伊半島
新宮駅
(和歌山県新宮市徐福2-1-1)
N
5km

点で着工から20年が経過、完成した路盤はわずか約12㎞。

さらに、戦後復興に熱が入る日本の経済情勢や交通事情は、変化していた。着工当時には栄えていた吉野川流域の林業は勢いを失い、自動車道路網整備の動きも加速した。五新線を用いた木材輸送の採算性に疑問符がつき、建設計画は再考される。その結果、路盤が完成していた五条駅〜城戸駅間は鉄道開通までの暫定措置として、バスが運行されることになり、専用道に改築された。その後も工事は続行され、1971（昭和46）年には天辻《てんつじ》トンネルが開通したが、五条駅〜新宮駅間のほぼ中間点である十津川村にも到達していない有り様であった。

バス路線になるも利用者の減少とトンネルの不具合により廃止

そして、転換を迎えることになったのが、1980（昭和55）年に制定された「日本国有鉄道経営再建促進特別措置法」。この法律が定める「1日の平均旅客輸送密度が4000人未満と想定される国鉄未成線の工事見直し」に五新線が該当し、1982（昭和57）年に工事の凍結が決定した。

バス専用道の利用は継続され、1987（昭和62）年に国鉄バスからJR西日本、翌年

五条駅〜野原駅までの廃線跡にはコンクリート橋梁が残る（写真：歩鉄の達人）

には、同社子会社の西日本ジェイアールバスへと引き継がれた。２００２（平成14）年からは、地元バス会社である奈良交通が運行を引き受けたが、利用者減少と専用道内のトンネルの状態悪化により２０１４（平成26）年、バス路線までも廃止となった。

国道24号を横切るように設けられた高架施設などの五新線鉄道構造物群は、歴史資料として、２０１６（平成28）年に土木学会の選奨土木遺産に認定された。

また、天辻トンネルのように、大阪大学の宇宙の研究施設「大塔《おおとう》コスモ研究所」として有効利用されている遺構もあり、時間を経た今でも、地域や国に貢献し続けているといえよう。

開業から88年間も蛇行する大河と併走

JR三江線《さんこうせん》

2018（平成30）年、惜しまれながらも88年の歴史に幕を下ろした三江線。

三江線の建設工事が始まったのは、1926（大正15）年。最初に着工したのが島根県の現・江津駅の石見江津《いわみごうつ》駅～川戸《かわど》駅間だった。1930（昭和5）年にこの区間が開通したのち、順次、南へと延伸して行き、1937（昭和12）年には、浜原《はまはら》駅までの50・1kmが開通した。広島県側は1936（昭和11）に着工。しかし、翌年に開戦した日中戦争の影響で、工事は島根県側・広島県側ともに中断となった。

工事が再開したのは戦後のこと。1955（昭和30）年に、三次《みよし》駅～式敷《しきじき》駅間が三江南線として開通。これに合わせて、それまで三江線と呼ばれていた島根県側の路線は三江北線と改称された。さらに、三江南線が1963（昭和38）年に口羽《くちば》駅まで延伸。1966（昭和41）年に、ようやく三江北線と三江南線を結ぶ浜原駅～口羽駅間の工事が開始。この区間には6つの中間駅と19カ所のトンネル建設が計画されており、9年の歳月をかけて工

開業年月日	1930（昭和5）年4月20日
廃止年月日	2018（平成30）年4月1日
営業キロ	108.1km※
駅数	35駅※
線種	全線単線※
電化方式	全線非電化※

※廃線時点

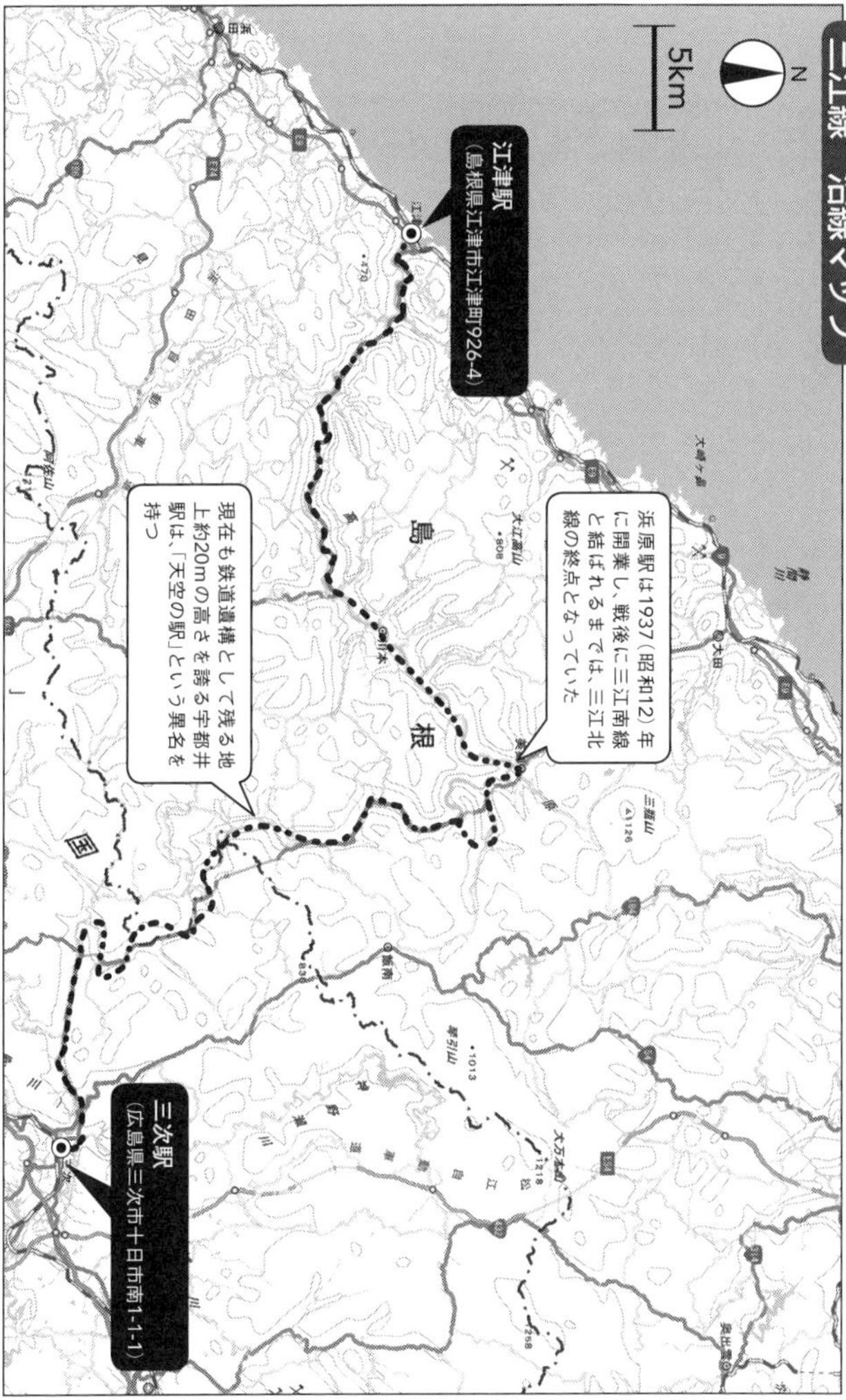
三江線　沿線マップ
N
5km
江津駅
（島根県江津市江津町926-4）
浜原駅は1937（昭和12）年に開業し、戦後に三江南線と結ばれるまでは、三江北線の終点となっていた
現在も鉄道遺構として残る地上約20mの高さを誇る宇都井駅は「天空の駅」という異名を持つ
三次駅
（広島県三次市十日市南1-1-1）
島
根

作木口駅～香淀駅間の第三可愛川《えのかわ》橋梁を渡る一両編成の三江線

事が行われ、１９７５（昭和50）年に、三江線は全通。県境の突破という夢は、半世紀をかけて実現した。

　開通初日は大勢が集まり、無人駅にも駅員が配置され、セレモニーが開催されたという。１９７８（昭和53）年には、江津駅から三次駅まで路線のすべてを通して走る列車が運行。しかし、快速などの優等列車が走ることはなかった。

超赤字や災害に見舞われながらも50年以上走行

　山間の江《ごう》の川《かわ》沿いに敷かれた三江線は、沿線に大きな町はなく過疎化も進んでいる。マイカー利用者が多いため、鉄道を使うのはほとんどが学生や高齢者だ。国道３７５号と

宇都井駅のホームまでは地上から116段の階段を上る必要があった

261号の整備や、1991（平成3）年の浜田自動車道開通により、利便性の高い陰陽連絡道も確保された。列車が浜原駅～三次駅間でも1時間40分ほどかかっていたのに対し、沿線から広島市内まで車なら1～2時間ほどで行くことができる。

三江線は全線開通前からすでに赤字路線に指定されていた。浜原駅～口羽駅間建設の最中だった1968（昭和43）年、国鉄諮問委員会が赤字83線を指定し、財政難の国鉄ローカル線に対して廃止やバス転換を促した。その中には、全通に向けて建設を進めている三江線も含まれていた。当時は、日本鉄道建設公団が国鉄に代わって新線の建設を行っており、完成後黒字が見込めない路線も建設が進められていたのだ。

さらに、土砂崩れなどの災害による長期間の全線運休も、利用者減少に拍車をかけた。こうした状況から、三江線の赤字が解消されることはなく、２０１３（平成25）から２０１５（平成27）年度の2年度間の平均収支は、営業費用約9億２１００万円に対し運輸収入は約２１００万円の赤字となってしまった。ＪＲ西日本は路線の維持が難しいと判断し、２０１６（平成28）年9月に、三江線の廃止届を中国運輸局に提出、２０１８年（平成30）年3月31日の営業を最後に廃線が決定した。

しかし、廃線が決まると、にわかに三江線は賑わい出す。いわゆる「廃線フィーバー」だ。廃線を惜しんだ鉄道ファンたちが多数詰めかけ、廃線までの2週間は、区間運転の替わりに直通運転を上下線ともに増やしたダイヤになっていた。

廃線後は、旧三江線の代替バスの運行が始まった。江津駅～三次駅間を全線走る路線バスはない。しかし、主要路線である江津川本線～川本美郷《みさと》線～作木《さくぎ》線を乗り継げば、大部分が旧三江線に沿ったルートをたどることができる。旧三江線には、「天空の駅」と呼ばれた地上約20ｍの宇都井《うづい》駅などが鉄道遺構として残されており、一目見ようと今でもファンが現地を訪れている。

広浜鉄道今福線《こうひんてつどういまふくせん》

戦争と赤字の大打撃で二度も計画中止

山陰地方と山陽地方を結ぶ陰陽連絡路線は、人や物資の移動に重要で、現在もいくつかのローカル路線が走る。島根県と広島県の間にも、明治時代より鉄道路線を走らせることが強く望まれ、1927（昭和2）年、広島と浜田を結ぶ広浜鉄道の建設計画が決定した。1933（昭和8）年に、島根県側と広島県側が同時に着工した。

島根県側は今福線とされ、まずは旧国鉄山陰線下府《しもこう》駅から新駅の石見今福駅までの約15kmをつなぐ工事を行う予定だった。しかし、1940（昭和15）年になると、戦争が激化し、戦時供出により鉄材が不足。レールを敷くこともできず、工事は鉄橋を除いた大半が完了していたのにも関わらず中止になった。この路線が、今福線旧線だ。

広島県側を走る可部《かべ》線は、1936（昭和11）年に、すでに可部駅〜安芸飯室《あきいむろ》駅間が開通していたが、残りの安芸飯室駅〜加計《かけ》駅間は、やはり1938（昭和13）年に、工事中止となった。

起工年月日
1933（昭和8）年

中止年月日
1980（昭和55）年

営業キロ
旧線：15.0km
新線：12.0km※

駅数
旧線：11駅
新線：8駅※

線種
全線単線※

電化方式
全線非電化※

※計画段階

国鉄の慢性的な赤字により夢の路線開通は叶わず

戦後になり、再び広浜鉄道建設の計画がもち上がる。

今福線では、戦時中に工事中止となっていた旧線を手直しする形で認可が下りたが、旧線は急勾配や急カーブの区間が多い。そのため、1969（昭和44）年12月に、山陰線浜田駅～石見今福駅間を結ぶ新ルートへと路線が変更になった。これが今福線の新線だ。

広島県側は、同年までに可部駅～三段峡《さんだんきょう》駅間が開通していた。そして、1972（昭和47）年には、いよいよ今福線と可部線をつなぐ石見今福駅～三段峡駅の着工認可が下りる。この路線が開通すれば、特急列車がノンストップで走った際には広島駅～浜田駅間を約55分で結ぶという、夢の路線となるはずだった。

しかし、国鉄の慢性的な赤字により、新線の工事計画も1980（昭和55）年に中止となってしまった。

未成線エリアに残る鉄道遺産が観光スポット化

今福線の旧線は、ほとんどの工事が完了していたことから、多くの遺構が今もその姿を留めている。中でも今福線のシンボル的存在となっているのが、5連アーチ橋や4連アー

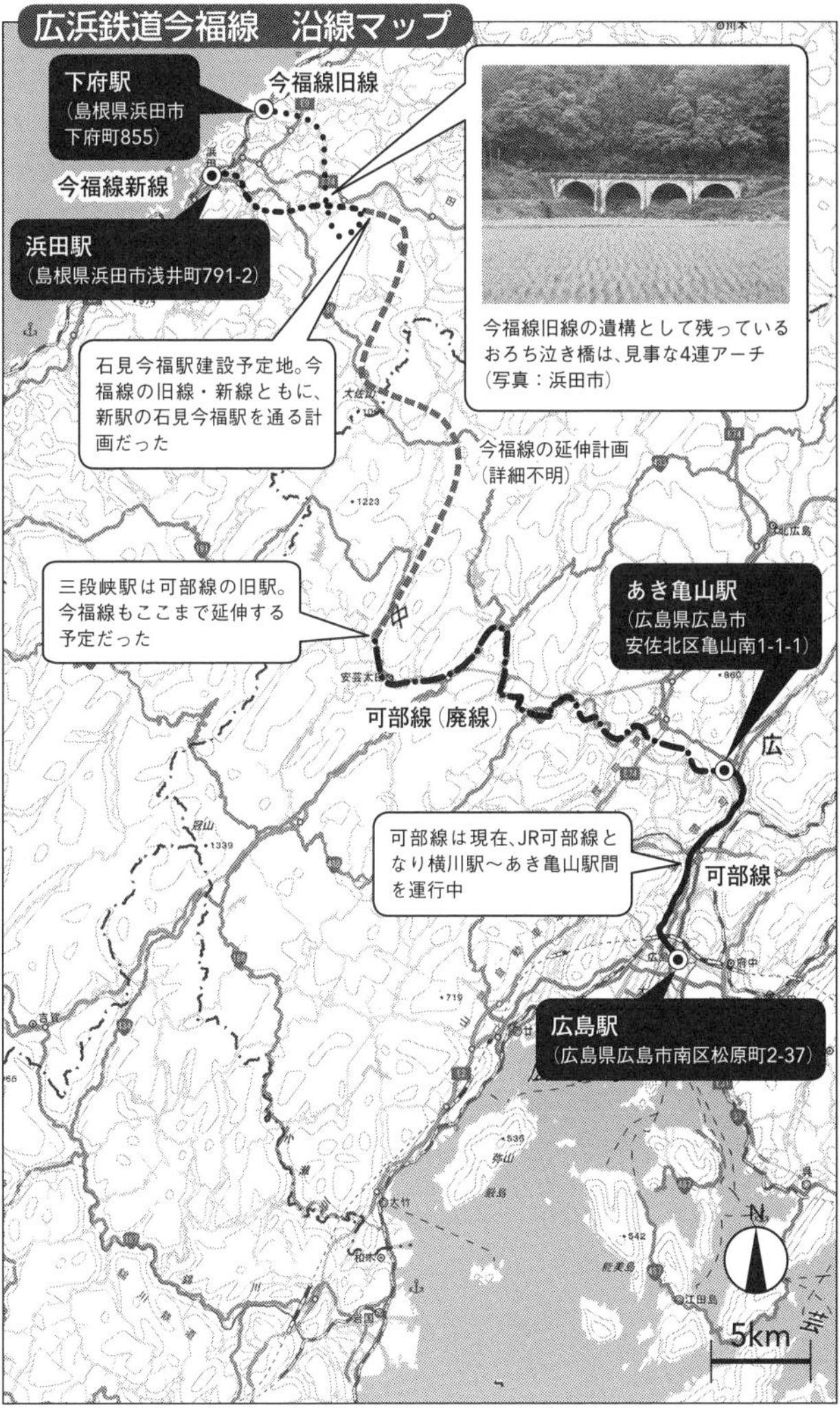
広浜鉄道今福線　沿線マップ
下府駅
（島根県浜田市
下府町855）
今福線旧線
今福線新線
浜田駅
（島根県浜田市浅井町791-2）
今福線旧線の遺構として残っている
おろち泣き橋は、見事な4連アーチ
（写真：浜田市）
石見今福駅建設予定地。今
福線の旧線・新線ともに、
新駅の石見今福駅を通る計
画だった
今福線の延伸計画
（詳細不明）
三段峡駅は可部線の旧駅。
今福線もここまで延伸する
予定だった
あき亀山駅
（広島県広島市
安佐北区亀山南1-1-1）
可部線（廃線）
可部線は現在、JR可部線と
なり横川駅〜あき亀山駅間
を運行中
可部線
広島駅
（広島県広島市南区松原町2-37）
N
5km

4連アーチのおろち泣き橋は遺構として保存されている（写真：浜田市）

チ橋など、7カ所にあるコンクリートアーチ橋だ。これらは2008（平成20）年に、公益社団法人土木学会から、「今福線コンクリートアーチ橋群」として選奨土木遺産に認定されている。

ほかにも、鉄橋が架けられることなく橋脚のみが残っている箇所や橋梁なども多数ある。第一下府川橋梁と4連アーチでは、旧線と新線の二つの遺構を同時に見られるスポットとして多くの鉄道ファンが訪れる。

現在、浜田市では今福線を活かす連絡協議会の協力の下、今福線ガイドマップなどを作成し、今福線旧線・新線の遺構を観光資源として生まれ変わらせようとしている最中だという。

頓挫した九州を横断する夢の長大路線計画

熊延鉄道《ゆうえんてつどう》

熊本と延岡を結びたい。九州の中央部の東西、直線距離にして100km程度だろうか。昔から、ここを貫く交通路を設けることは、人々の悲願であった。しかし、九州の中央に位置する九州山地が壁となり、行く手を阻んでいた。

明治末期、そんな想いを実現させるべく、立ち上がったのが熊延鉄道の計画である。

1912（明治45）年に、熊本軽便《けいべん》鉄道を母体とした御船《みふね》鉄道が、熊本市から延岡市に至る鉄道を引こうと「熊延鉄道」と社名変更し、事業を開始した。

しかし、当時の鉄道技術で敷設に困難を極めたのは、いうまでもないだろう。資金面の問題もあり、1932（昭和7）年には南熊本駅～砥用《ともち》駅まで延伸したが、1964（昭和39）年に鉄道事業を廃止し、熊本バスとしてバス事業に転換してしまった。モータリゼーションの興隆で、鉄道より自動車の世の中がくるという会社の判断は、先見の明があったのかもしれない。

開業年月日	1915（大正4）年4月6日
廃止年月日	1964（昭和39）年3月31日
営業キロ	28.6km※
駅数	17駅※
線種	全線単線※
電化方式	全線非電化※

※廃線時点

残された遺構が話題を呼んで観光客増加にも貢献

熊延鉄道は、半世紀以上も前に廃止されたにも関わらず、いまだに多くの痕跡が残されている。そして、地区の生活道路として線路跡が再利用されているのだ。用水路に架かる鉄道の橋台はそのまま道路の台として活用させ、鉄道トンネルは拡張されて車両用のトンネルに改造されているという具合だ。川には橋梁が残されており、鉄道遺産としても見応えがある。

中でも最も遺構として目を引くのは、通称「八角トンネル」だろう。熊本県美里町《みさとまち》にある八角トンネルは、極めて異質。コンクリート製の八角形の構造物が、等間隔に7基並んでいて神秘的な雰囲気を醸し出している。これは切り通しの崖が崩れるのを防ぐために造られたものだといわれているが、すべて覆ってしまった方がよかった構造物だろう。

また、落石よけとして不完全になった理由として、建設費削減のためとする説もあるそうだが、なぜ八角形なのかさえ正確な情報はわかっておらず、形も構造も謎だらけのスポットでもある。

また、八角トンネルの近くには熊本側から数えて津留《つる》川に架かる一番目の橋梁跡で、橋脚が4脚残る津留川橋梁も鉄道好きには有名なスポットの一つとして有名だ。

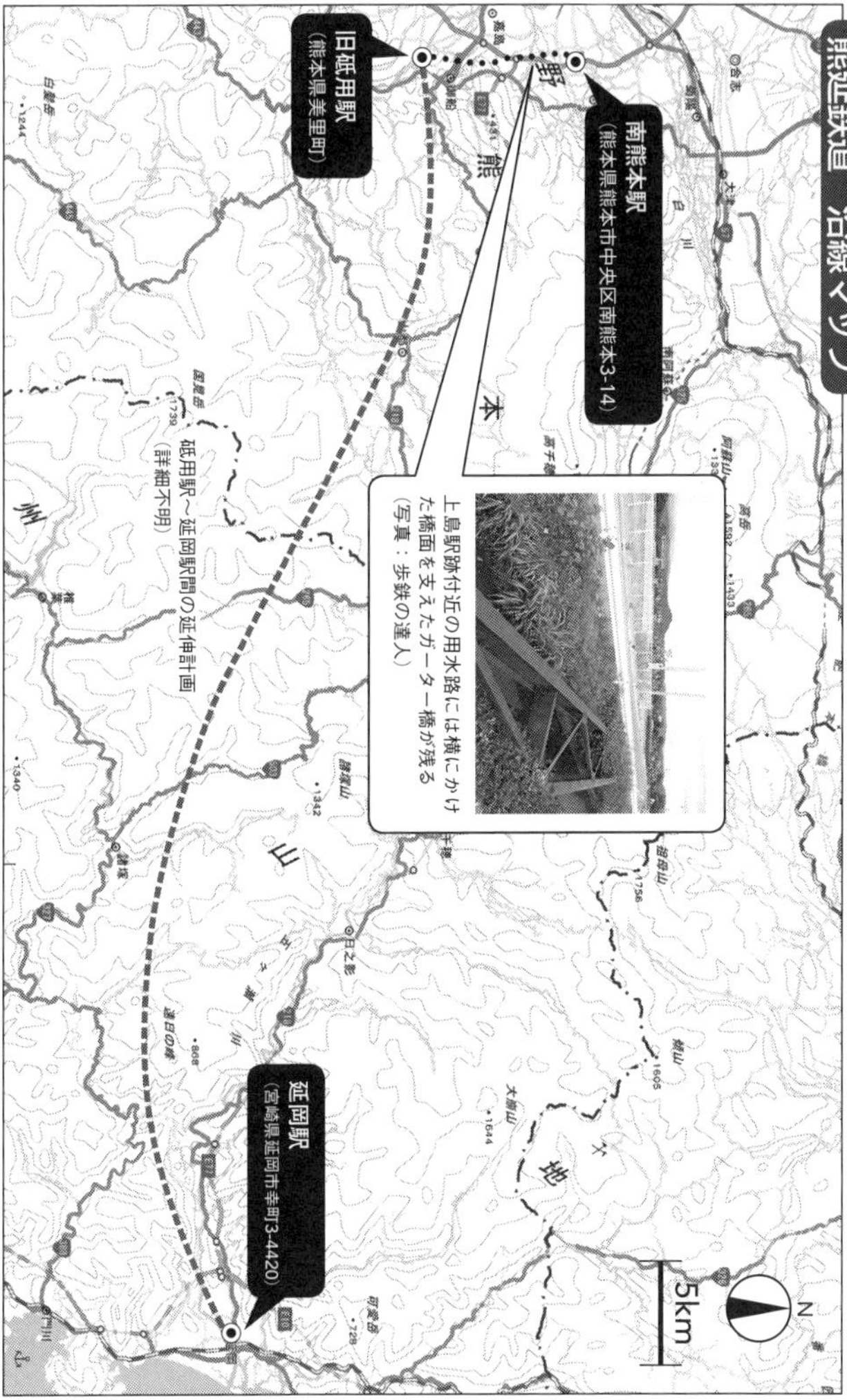
熊延鉄道　沿線マップ
南熊本駅
（熊本県熊本市中央区南熊本3-14）
旧砥用駅
（熊本県美里町）
上島駅跡付近の用水路には横にかけた橋面を支えたガーター橋が残る
（写真：歩鉄の達人）
砥用駅～延岡駅間の延伸計画
（詳細不明）
延岡駅
（宮崎県延岡市幸町3-4420）
5km

八角トンネルに間が空いているのは建設費削減の説が有力（写真：歩鉄の達人）

なお、ここに至るには、国道443号線を南下し津留川を渡る手前で左折、二股橋方向に進むと左方向に砂利道が現れる。ここが廃線跡だ。この分岐の先にあるのが八角トンネルとなる。このトンネルを真正面に見た構図が異世界への入り口を彷彿させると、SNSでも話題になっている。ここへは、車両で進入できないので注意が必要だ。

廃線から約50年以上経った今でも、さまざまな貴重な産業遺構を一目見ようと訪れる鉄道ファンや観光客が絶えない。それは、橋の構造から影がハート型を作ることで恋人の聖地として有名になった二俣橋など、見どころが集まっていることが、鉄道ファンだけでなく、多くの人にとって魅力的だからだろう。

第6章
降りたら最後!? 秘境駅

国道から見えるのにアクセス困難!?

小幌駅《こぼろえき》

小幌駅はJR室蘭本線沿線にあり、「船または鉄道以外のアクセスは無理」「なにもない」「降りたら最後」といわれている。

小幌駅はトンネル間の幅が87mのわずかな隙間に造られ、三方は山、崖下は海。停車は普通列車のみで、降り立つのも大変だ。遠くに国道は見えるが、そこまで行く道がない。

なぜ、このような場所に駅ができたのか。

1943(昭和18)年、それまで単線だった室蘭本線の輸送力アップを目指して、複線化が進められることになり、静狩《しずかり》駅~礼文《れぶん》駅間13㎞の間に小幌信号場が造られた。また、列車の行き違いのための交換設備を備えた信号場でもあった。

この辺りは噴火湾沿いに断崖絶壁が続くため、難工事を経て複数のトンネルが完成。小幌信号場には、当時最新鋭の連動閉塞やランプ信号機が導入された。その後、信号場から仮乗降所となり国鉄民営化とともに駅に昇格し、保線基地として役割を果たした。

所属路線	JR室蘭本線
所在地	北海道豊浦町礼文華
開設年月日	1943(昭和18)年9月25日
1日の乗降客数	13人 ※2020(令和2)年

今でも語り継がれる数々の逸話

小幌駅がある豊浦《とようら》町は、ホタテの養殖でも有名だ。

『北の無人駅から』によると昭和20年代の最盛期には、単線ながら、日に120本もの列車が往来し、駅は7人の駅員がローテーションで勤務していた。駅から急坂を下った海沿いには、多いときで漁業を営む10世帯あまりが暮らしており、駅が複線化・無人化された1967（昭和42）年まで、駅員と漁師たちは助け合いながら、隔絶された小幌で共存してきた。

駅から海側に下ること150m。文太郎浜と呼ばれる人の名前のついた入江がある。ここには1972（昭和47）年まで、1912

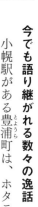

（大正元）年生まれの陶文《すえ》太郎というアイヌ人とその家族が住んでいた。この一漁師の話が凄まじい。1946（昭和21）年、合成酒を浴びて泥酔しトンネルを歩いて帰ろうとした際、寝込んでしまい、片足を列車に轢かれて切断。3年後、またも泥酔し鉄道事故に遭い、もう片方の足に大けがを負った。両膝から下を失ったが、彼は漁を行い、5人の連れ子を含む7人の子どもを育て、駅まで腕を使って坂を登り、町までバクチを打ちに行くという、並み外れた豪傑ぶりだったという。

また、文太郎浜近くにある岩屋洞窟には、あの円空《えんくう》仏で知られる円空上人が彫って残した仏像が安置されている。私財を投じて洞窟を祠にし、「首なし観音」と呼ばれる円空作の観音様を祀ったのは、地元で漁師を営む夫婦だったそう。駅からこの岩屋洞窟に行くには、案内板を目印に進むとよいが、道は険しい。

聖地に現れた「小幌仙人」や「小幌ガール」

駅には「小幌仙人」と呼ばれていた男性が住んでいたこともあった。彼は、俗世間から身を隠すようにして駅周辺に住むのを黙認してもらうことに対し、駅の除雪を行うなどして働いていた。岩屋洞窟に祠を建てた夫婦の息子とも交流していたという。彼は亡くなり、

小幌駅のホームから西側の眺め（静狩駅側）のトンネル（写真：わたかわ）

現在、駅の住民はいなくなった。

さらに「小幌ガール」も登場した。小幌駅を何度も訪れていた一般の女性旅行者が、2011（平成23）年に「降りてもなにもない、駅から外に出られない、その幻想に真っ向勝負！」と銘打つガイドブック『礼文華《れぶんげ》観光案内』を自費出版し、「小幌ガール」と呼ばれるようになった。

駅ノートと一緒にこの冊子を入れたプラスチックケースを無許可で駅に設置したところ、冊子は人の手から手へと渡って、豊浦町役場でも話題を呼んだ。冊子の終わりには、このように書かれている「貴方に辿り着く足があるなら、いずれ小幌駅を抱く礼文華の山中でお会いしましょう」。

「ウニの香り」という愛称の海岸駅

白井海岸駅《しらいかいがんえき》

岩手県の沿岸部を南北に結ぶ三陸鉄道リアス線の白井海岸駅は、ホームの両側をトンネルに挟まれた一面一線の無人駅。運行は1時間に1本と、比較的アクセスしやすい。

この路線の各駅には、三陸海岸をモチーフとしたオリジナルの駅名標がつけられていることでも知られている。

そして、駅名に「海岸」とあり、なおかつ、駅名標には「ウニの香り」という愛称が添えられているものの、海が見えるのはホームの宮古方面側からのみで、急峻な地形にぽつんとたたずむ辺境の駅といった風情だ。沢のせせらぎのほかには何も聞こえない駅を出て、周囲を見渡してみても人家は見当たらず。あるのは一本の山道で、その道路を覆うように背の高い樹木が連なっているのが見えるだけ。人里離れたこの場所にどうして駅を造ったのか、首をかしげたくなるが、さらに不思議なのは、ここが三陸鉄道開業後に設置された請願駅ということだ。

所属路線
三陸鉄道リアス線

所在地
岩手県普代村第19地割白井2-31

開設年月日
1984（昭和59）年12月22日

1日の乗降客数
3人
※2018（平成30）年

白井海岸駅から見た人気ドラマ『あまちゃん』でもおなじみの第一白井トンネル

「海岸」駅だが実際の海岸はどこなのか

１９７５（昭和50）年、全長26㎞になる久《く》慈《じ》駅～普代《ふだい》駅間が国鉄久慈線として開業したところから白井海岸駅の誕生の歴史は始まる。このときの新設駅は、陸中宇部・陸中野田・野田玉川・堀内・普代の５駅。だが、その９年後の１９８４（昭和59）年、国鉄から第三セクターの三陸鉄道に転換。なお、現在の白井海岸駅は、堀内駅と普代駅の間に位置する。

ちょうどこのころ、普代村の白井地区を並行する国鉄バスの減便が決定。そこで、生活の足を確保するために新駅を造るよう、地元が働きかけたのが新駅誕生のきっかけだという。利便性を考えれば、集落の近くに新駅を設けたいところだが、すでに開通済みの路線

ホームの両側はすぐトンネルになっている

のため叶わず。その結果、集落から徒歩20分ほどの、鉄橋の上に付け足す形で新設するに至った。利用者は減少の一途をたどり、三陸鉄道で最も乗降客が少ない駅だ。

さて、標高63mに位置する白井海岸駅から、集落方面とは反対の道を川沿いに下ること約10分。漁船がたくさん並ぶ海岸が見えてきた。ここがまさに、白井海岸だ。並んでいるのは「サッパ船」と呼ばれる小型の磯舟で、さまざまな漁に用いられるそう。そして、この地では6～8月頃、ウニ漁も盛んに行われているとのこと。

実は、白井地区はウニの一大産地。だから、駅の愛称が「ウニの香り」になっているのかと、この海まで降りて来てようやくわかる。

人里から離れ過ぎで全列車がスルー

赤岩駅《あかいわえき》

所属路線
JR奥羽本線
所在地
福島県福島市大笹生赤岩32
開設年月日
1910(明治43)年10月13日
[信号場開設は1899(明治32)年5月15日]
1日の乗降客数
0人
※2021(令和3)年3月廃止駅

東北地方の背骨ともいわれる奥羽山脈を横切るJR奥羽本線。その中でも、当時「奥羽南線」と称された福島駅～米沢駅間は、吾妻《あづま》連峰北麗の険しい板谷《いたや》峠を通過する、日本屈指の鉄道難所として知られる。赤岩駅があるのはまさにこの区間で、福島駅から板谷峠に至る途中に位置している。赤岩駅に到達するには、満足な舗装もされていない狭くて曲がりくねった林道を進んで行くしかない。往時、沿線は宿場町であったが、現在、その面影はすっかり失われ、わずかな世帯が暮らす大平集落が残るのみ。赤岩駅は、その限界集落からも徒歩で約30分を要するという、山岳地帯にぽつんと取り残された駅なのだ。

信号場から120年間の歴史を経て廃駅へ

赤岩駅の前身となる赤岩信号場は、奥羽南線福島駅～米沢駅間が1899（明治32）年に開通するのと同時に設置された。開通から11年が経った1910（明治43）年8月、沿線は大雨の被害を受け、信号場周辺のトンネルが一部崩落。利用者は、運行不能区間の徒歩連絡を強いられてしまう。このとき、徒歩での移動距離を短縮する措置として、赤岩信号場が駅に格上げされ、赤岩駅が誕生した。

板谷峠には赤岩駅と合わせ、板谷駅・峠《とうげ》駅・大谷駅の合計4駅があるが、各駅にスイッチバックが備わっていた。これは馬力の小さい当時の蒸気機関車で、最大38‰もの急勾配区間にある各駅に停車しつつ峠を越えるための工夫だった。4駅連続のスイッチバックがあってこそ、峠周辺にあった集落の住民は鉄道を利用できたのである。

しかし、1992（平成4）年の山形新幹線開業に備えた標準軌化工事に伴い、4駅のスイッチバックは1990（平成2）年に廃止される。さらに、1998（平成10）年の1日平均乗降人員が6人を記録するなど、4駅の中でも利用者減少が際立っていた赤岩駅は、2012（平成24）年より、12月1日から翌年3月25日までの冬期間は全列車通過とされてしまった。2017（平成29）年3月には、とうとう通年での全列車通過が決まり、事実上の休止状態となる。それでも、〝駅〟としては存在していたのだが、2021（令和3）年1月、JR東日本仙台支社は3月12日をもって赤岩駅の廃止を発表。信号場時代から数えて120年もの歴史に幕を閉じることとなった。

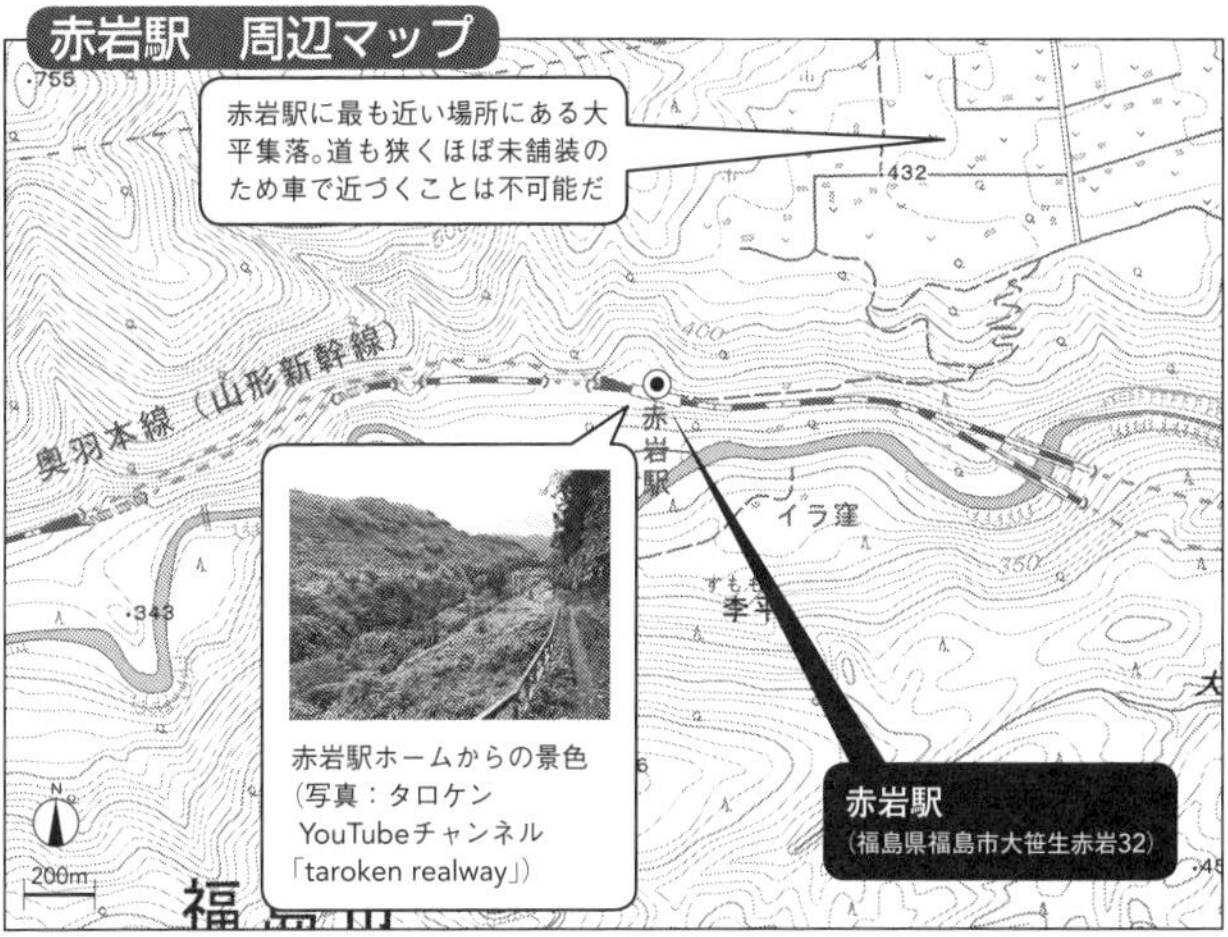

赤岩駅に列車停車中の貴重な一枚
（写真：タロケン YouTubeチャンネル「taroken realway」）

なぜ急流の真上&切り立つ山の間にあるのか

保津峡駅《ほづきょうえき》

京都駅～幡生《はたぶ》駅間を走るJR山陰本線。元をたどると1897（明治30）年に京都駅～嵯峨《さが》嵐山《あらしやま》駅となった嵯峨駅、1899（明治32）年に嵯峨駅～園部駅間を京都鉄道が開業したもので、京都駅～園部《そのべ》駅間には、嵯峨野線という愛称が付けられている。

名勝・保津峡は、保津川沿いに走る観光トロッコ列車や、明治時代から続く観光川下りで知られる景勝地だ。狭く険しい山間部を大きく蛇行して渓谷が形成されており、複雑な地形をしている。

そんな場所に造られた保津峡駅は、全国でも珍しい「川の上」の駅だ。長さ132mの第二保津川橋梁の上にホームがあり、そこからは、保津川の流れが見下ろせる。橋の両側は切り立つ山になっており、駅の前後をトンネルに挟まれる形だ。小規模な駅舎が特徴的で、ホームから階段を降りて鉄橋の下をくぐった先にある。また、馬堀《うまほり》駅寄りに、各ホームを結ぶ線路下の通路がある。

所属路線
JR山陰本線

所在地
京都府亀岡市保津町保津山3-1434

開設年月日
1936（昭和11）年4月15日
［信号場開設は1929（昭和4）年8月17日］

1日の乗降客数
392人

橋梁上の嵯峨野線の車両（写真：わたかわ）

駅が橋梁上へ移動されたのはなぜ？

保津峡駅は１９２９（昭和４）年の開業だが、当初から橋梁上にあったわけではない。初めは、直線距離で５００ｍほど離れた大堰《おおい》川の上流、現在の嵯峨野観光鉄道トロッコ保津峡駅の位置にあり、山肌に沿うような形で敷設されていた。

現在の駅には、１９８９（平成元）年の嵯峨嵐山駅～馬堀駅間の複線電化時に切り替えられた。在来線の複線化は通常、もともと使われていた軌道敷を拡幅して行われるが、急峻な山肌を走る保津峡では拡幅の余地がなかった。また、環境保全や保津川下りに支障がないように工事をするのが困難なため、新しく別線を敷設する複線化工事が計画された。

大きく蛇行する保津川に沿うように走る区間を、山に６本のトンネルを掘り、川に５橋の橋梁を架けて、ほぼ直線に。この区間のほとんどがトンネルと橋で構成され、必然的に中間駅である保津峡駅は橋梁上に設置されることとなったのだ。

このため、ＪＲ嵯峨野線の列車からは峡谷をほとんど眺めることができなくなった。そこで、複線化によって使われなくなった旧線の観光利用に、嵯峨野観光鉄道のトロッコ列車が発足した。なお、トロッコ保津峡駅対岸と保津峡駅のそばを通り、水尾へ抜ける府道50号があれど、集落まで離れているうえ、細い道で激しいカーブが続く。

かつての賑わいの面影が残るターミナル駅

備後落合駅《びんごおちあいえき》

所属路線	JR芸備線・JR木次線
所在地	広島県庄原市西城町八鳥1778
開設年月日	1935(昭和10)年12月20日
1日の乗降客数	13人

備後落合駅は、一つ先の新見駅が始発駅で伯備線《はくび》と芸備線《げいび》が乗り入れる備中神代駅《びっちゅうこうじろ》から広島駅までを結ぶ中間駅であり、島根県の山陰本線宍道《しんじ》から伸びる木次線《きすき》の終点でもある。3方向とも同じJR西日本の路線で、岡山支社・広島支社・米子支社と、それぞれの方向で路線の所轄が異なる。

備後落合駅は広島県にあるが、管轄は岡山支社。現在、この駅を越えて直通する列車はなく、それぞれの方面で折り返し運転を行っている。駅名は3方向から路線が落ち合うことに由来しているが、落合が付く駅が全国に点在するため、旧国名の備後が加えられた。

最盛期は200人超の駅員が勤務していた繁盛駅

備後落合駅が開業したのは、蒸気機関車全盛のころ。鉄道を運行するには一通りの施設が必要なため、備後落合駅には、職員の宿舎や保線区、列車の留置線などが設けられた。また、駅構内には機関庫や給水塔、貯炭場などの機関区と変わらない設備が整えられ、名実ともにターミナル駅としての役割を果たしていた。最盛期には200人を超える国鉄職員が勤務し、駅前には旅館や食堂、理髪店も営業していたほどだ。旅館には、当時は、夜間に到着して早朝の1番列車に乗り継ぐ旅客が宿泊し、昼夜とも駅前は賑わっていたという。

また、当時の芸備線と木次線は広島と山陰、中国山地の各都市を結ぶ連絡線としての役割があり、急行列車や貨物列車も運行されていた。中でも広島駅から芸備線を通り、備後落合駅より木次線を経由して直通で、山陰へ向かう「急行ちどり」は夜行列車も設定されていた。

備後落合駅は、芸備線から木次線に入る列車の進行方向が逆になるスイッチバックの駅でもあった。当時のホームには立ち食いそば屋があり、うどんにおでんがトッピングされた「おでんうどん」が名物だった。冬場は、暖をとった旅行者も多かっただろう。

かつては盛況した面影があふれる駅の構内

その後、芸備線とほぼ同じルートで中国山地の各都市沿いに中国自動車道が建設されると、広島から三次や庄原など各都市へ高速バスの運行が開始。すると、線路規格が低くス

今では1日10人程度しか乗降者がいない備後落合駅（写真：ちゃり鉄.JP）

ピードの遅い鉄道から、便利で速い高速バスへ鉄道利用者の多くはシフトしてしまう。さらに近隣の国道も整備され、鉄道沿線の利用者が減少していく。各施設にも合理化が図られ、1990（平成2）年には駅の売店が閉店し、とうとう1997（平成9）年には、無人駅となる。

現在の備後落合駅は、改札を入ると1番乗り場が木次線で、線路を渡ると島式ホームがあり、2番線が三次《みよし》方面、3番線が新見方面である。定期列車は新見方面に3本、木次方面も3本、三次方面へは5本と計11本の列車しかないが、1日一度だけ14時30分前後、3方向の列車が集う賑やかになる時間帯がある。「青春18きっぷ」シーズンには、普段ほとんど乗客のいないホームも、鉄道ファンを中心に貴重なシーンを一目見ようと、この時だけは賑わいを見せる。

現在、駅構内には留置線やターンテーブル、施設がそのまま残っており、当時の盛況さを偲ぶことができる。駅舎内は国鉄OBによる当時の写真や列車の資料が展示されており、秘境駅を訪れた旅人の目を楽しませてくれる。駅前は当時のままで道が狭い。代行バスの運行時は1BOXコミューターだと、なんとか転回することはできるが、中型バスの使用時だと坂道の下からバスがバックで上がってくるほどだ。

坪尻駅《つぼじりえき》

車ではたどり着けない「何もない」駅

坪尻駅は、土讃《どさん》線の香川県と徳島県の県境近く、標高272mに位置する。急峻な谷底に造られ、最寄りの道路ははるか上に走る国道32号のみで、人が住むような地ではない。実際、最寄りの木屋床《こやとこ》集落まで、徒歩30分ほどかかるだろう。

ここは西日本でも有数の秘境駅であると同時に、同じ土讃線の新改《しんがい》駅とともに、四国に二つしかないスイッチバック駅としても知られる。駅は25‰という急勾配の途中にあり、この傾斜にそのまま駅を設置してしまうと、停車した列車は上り勾配方面への再発進が困難になる立地だ。

坪尻駅では本線のほかに引き上げ線を配置し、水平な位置に停車場を設けた「通過可能型スイッチバック」の形式が採られている。

阿波池田方面から来た列車は駅へ入線し、乗降を行ってから方向転換して、引き上げ線に入る。こうして、もと来た方向へ少し下がり、再度方向転換し琴平方面へ発進する。琴

所属路線
JR土讃線

所在地
徳島県三好市池田町西山立谷2486-3

開設年月日
1950(昭和25)年1月10日
[信号場開設は1929(昭和4)年4月23日]

1日の乗降客数
2人

平方面から来た列車はこの逆で、まず引き上げ線に入って、停車。ここで転換して、駅ホームへ。乗降を行い、再び方向転換して阿波池田方面へと向かう、という具合だ。

難工事の末造られた「信号場」が昇格

1929（昭和4）年4月、土讃線の讃岐財田《さぬきさいだ》駅〜阿波池田駅が開通した。この工事の際の最大の難所が、県境にある猪ノ鼻《いのはな》峠を抜けるために造られた3845mの猪ノ鼻トンネル。坪尻駅は香川県側から見て、このトンネルを抜けたすぐ先にある。

坪尻駅は、土讃線の開通と同時に信号場として開設された。この場所は鮎苦谷《あいくるしだに》という谷の底で川が流れていたが、列車の行き違いのために信号場が必要であり、敷地を確保するため、川の流れを変えながら埋め立てる難工事が行われた。

その後、1950（昭和25）年には、地元住民の要望により駅になった。当時は、木屋床から池田町に向かう行商人や通学する学生などの需要があり、1日に100人ほどの利用があったという。だが、押し寄せたモータリゼーションの波により、20年後の1970（昭和45）年に、早くも無人化。周辺の住民も利用客も減り続け、現在では、乗降人数も1日に数人、便数も両方面合わせて7便となってしまった。

山道に囲まれ、集落から離れた坪尻駅（写真：わたかわ）

元々は急峻な峠に造られた信号場

宗太郎駅《そうたろうえき》

所属路線
JR日豊本線
所在地
大分県佐伯市宇目重岡3542
開設年月日
1947(昭和22)年3月1日
[信号場開設は1923(大正12)年12月15日]
1日の乗降客数
0.39人

宗太郎駅はJR九州日豊《にっぽう》本線沿線に位置し、特急列車が停車せず、1日に上りと下りを合わせて3本の普通列車だけが停車する。本数が少なく「青春18きっぷ」を使って宗太郎駅を訪問するのは、難易度が高い。秘境駅なだけに、青春18きっぷのファンにも人気なのに残念だ。

JRは、青春18きっぷを「日本全国のJR線の普通・快速列車の普通車自由席及びBRT、ならびにJR西日本宮島フェリーへ自由に乗り降りできる切符」と規定している。そうなると、ほぼ1時間に1本の割合で佐伯駅から延岡駅を走る特急列車では青春18きっぷの使用条件に合わないので利用できないことになる。

青春18きっぷを購入して、宗太郎駅を利用するとなると、注意が必要だ。延岡駅からの上りなら、6時10分発の佐伯駅行き普通列車と19時33分発の佐伯駅行きで利用できるが、佐伯駅からの下りが大変だ。佐伯駅6時18分発が始発であり、最終にもなる。

駅の景色からも傾斜が感じられる宗太郎駅（写真：牧村竜二）

隣接する市棚《いちたな》駅や重岡《しげおか》駅からは普通列車が出発しているが、この区間だけは、どうにもいかない。このようなことになったのは、利用者がほとんどいないためだ。

一般的に、駅は、人口が集中するところに設置される。そして、駅ができることで地域は活性化し、鉄道会社にも利益が生まれるわけだ。しかし、秘境駅となると人口自体が少なく、発展しにくい。では、なぜ秘境駅の象徴だった場所に駅を造ることになったのか、経緯を振り返ってみよう。

地元住民の声により信号場が駅へ昇格

宮崎県と大分県を結ぶ鉄道を必要としていた当時の鉄道省は、費用対効果の見地から日豊本線を海沿いではなく、大分県と宮崎県の県境にある宗太郎峠を越えるルートで策定した。急峻な宗太郎峠に鉄道を敷設するのは、困難な工事だった。あまりの難工事に、請け負った業者が資金的に枯渇して、工事を投げ出したほどだ。

日豊本線は１９２３（大正12）年12月に開通したが、37のトンネルとうねうねと山肌に沿って20‰で登る勾配のきつい路線。蒸気機関車の限界に近い傾斜だった。そこで、蒸気機関車の停車と単線のため、上りと下りの列車の交換を目的とした信号場を、宗太郎峠の中では比較的水平な部分に置くことになった。こうして生まれたのが宗太郎信号場だ。なお、蒸気機関車は一度火を落とすと、再起動するのに平坦な場所が必要となる。20‰の坂の途中で火を落としたら、そこから走ることができなくなる。

人口や物流に関係なくできた宗太郎信号場は、信号場であるため人の乗降を考えずに使われていたが、集落として存在していた地元住民から「列車が止まるのに、乗降できないのはなぜか」と意見があり、後に初代駅長となった西畠勤氏が旅客駅への昇格を目指した運動を行い、１９３２（昭和７）年12月に旅客取り扱いから１９４７（昭和22）年３月に宗太郎駅として昇格した。

一時期は急行列車も停まった宗太郎駅。現在は集落の人口が減り、１日の乗車人数が０

駅構内には「石神」が多数存在している
（写真：牧村竜二）

人のこともある秘境駅だ。

　2020（令和2）年からは、JR九州が九州を元気にするためと銘打って走らせる観光特急の「36《さんじゅうろく》プラス《ぷらす》3《さん》」の特別停車駅となり、注目されたこともあり、多くの乗客が駅に降り立つようになったが、さびれた空間であることには変わりはない。

　また、駅の待合室には多数の「石神」の姿が見られるのも、秘境ファンの間では有名な話ともなっているそう。かつての賑わいこそないものの、宗太郎駅に置かれた駅ノートには、日本全国からこの地を目指した旅人たちが足跡を残している。そのノートに目を通してみると、地域や宗太郎駅へのあふれんばかりの想いが伝わる書き込みが見受けられる。

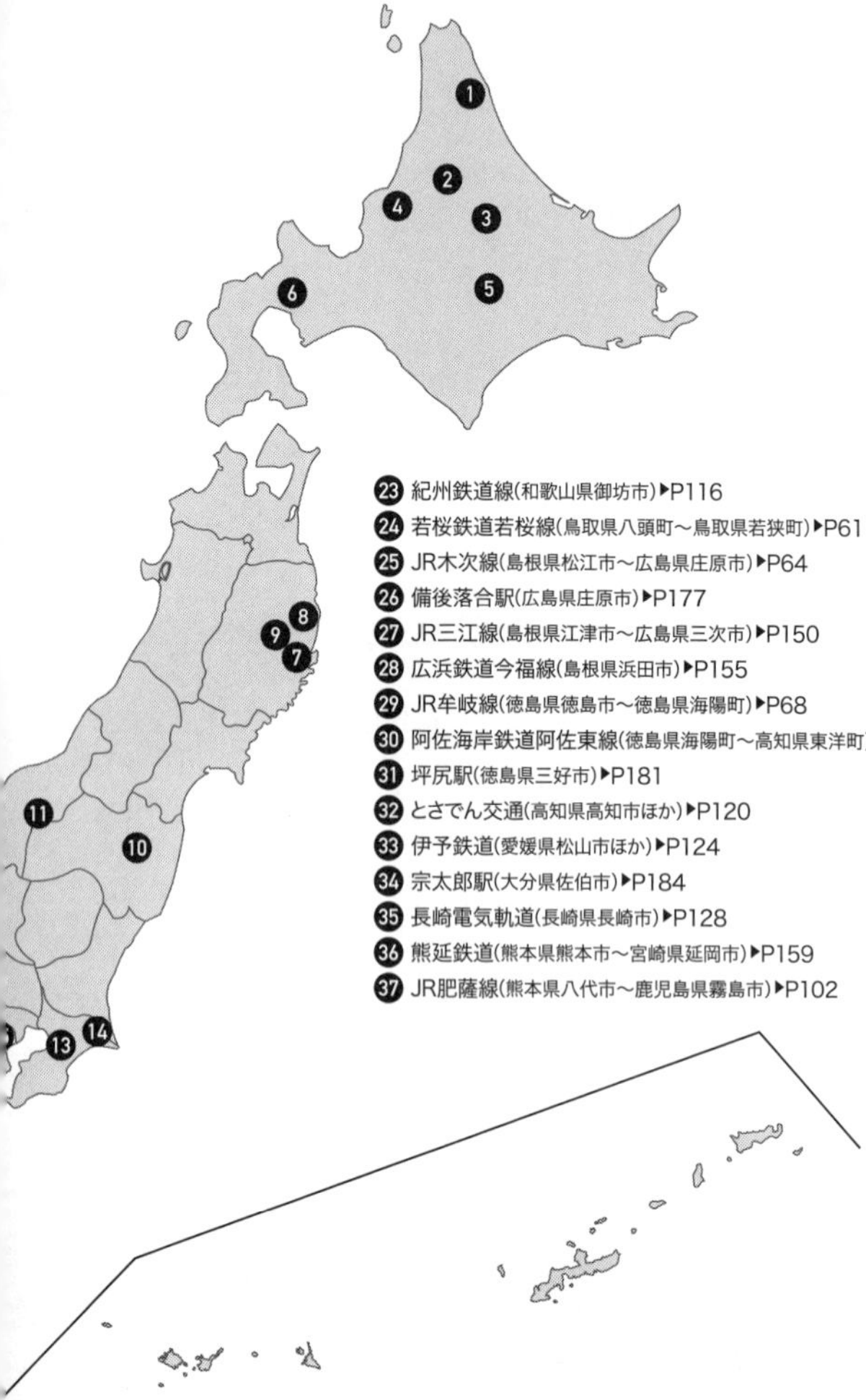

㉓ 紀州鉄道線(和歌山県御坊市)▶P116
㉔ 若桜鉄道若桜線(鳥取県八頭町～鳥取県若狭町)▶P61
㉕ JR木次線(島根県松江市～広島県庄原市)▶P64
㉖ 備後落合駅(広島県庄原市)▶P177
㉗ JR三江線(島根県江津市～広島県三次市)▶P150
㉘ 広浜鉄道今福線(島根県浜田市)▶P155
㉙ JR牟岐線(徳島県徳島市～徳島県海陽町)▶P68
㉚ 阿佐海岸鉄道阿佐東線(徳島県海陽町～高知県東洋町)▶P72
㉛ 坪尻駅(徳島県三好市)▶P181
㉜ とさでん交通(高知県高知市ほか)▶P120
㉝ 伊予鉄道(愛媛県松山市ほか)▶P124
㉞ 宗太郎駅(大分県佐伯市)▶P184
㉟ 長崎電気軌道(長崎県長崎市)▶P128
㊱ 熊延鉄道(熊本県熊本市～宮崎県延岡市)▶P159
㊲ JR肥薩線(熊本県八代市～鹿児島県霧島市)▶P102

本書紹介路線・スポット 分布マップ

1. JR天北線(北海道稚内市～北海道音威子府村)▶P132
2. JR宗谷本線(北海道稚内市～北海道旭川市)▶P26
3. JR石北本線(北海道旭川市～北海道網走市)▶P31
4. JR留萌本線(北海道留萌市～北海道深川市)▶P36
5. 旧狩勝・新内トンネル(北海道新得町～北海道南富良野町)▶P76
6. 小幌駅(北海道豊浦町)▶P164
7. 三陸鉄道リアス線(岩手県大船渡市～岩手県久慈市)▶P41
8. 白井海岸駅(岩手県普代村)▶P168
9. JR岩泉線(岩手県岩泉町～岩手県宮古市)▶P137
10. 赤岩駅(福島県福島市)▶P171
11. JR只見線(福島県会津若松市～新潟県魚沼市)▶P48
12. 碓氷峠(群馬県安中市～長野県軽井沢町)▶P81
13. 山万ユーカリが丘線(千葉県佐倉市)▶P108
14. 銚子電気鉄道(千葉県銚子市)▶P53
15. JR鶴見線・海芝浦支線(神奈川県横浜市)▶P112
16. 佐久間線(静岡県浜松市)▶P142
17. JR飯田線(長野県辰野町～愛知県豊橋市)▶P86
18. 近江鉄道(滋賀県米原市～滋賀県甲賀市)▶P57
19. 旧北陸本線トンネル群(福井県敦賀市)▶P91
20. 保津峡駅(京都府亀岡市)▶P174
21. 五新線(奈良県五條市～和歌山県新宮市)▶P146
22. 旧余部橋梁(兵庫県香美町)▶P97

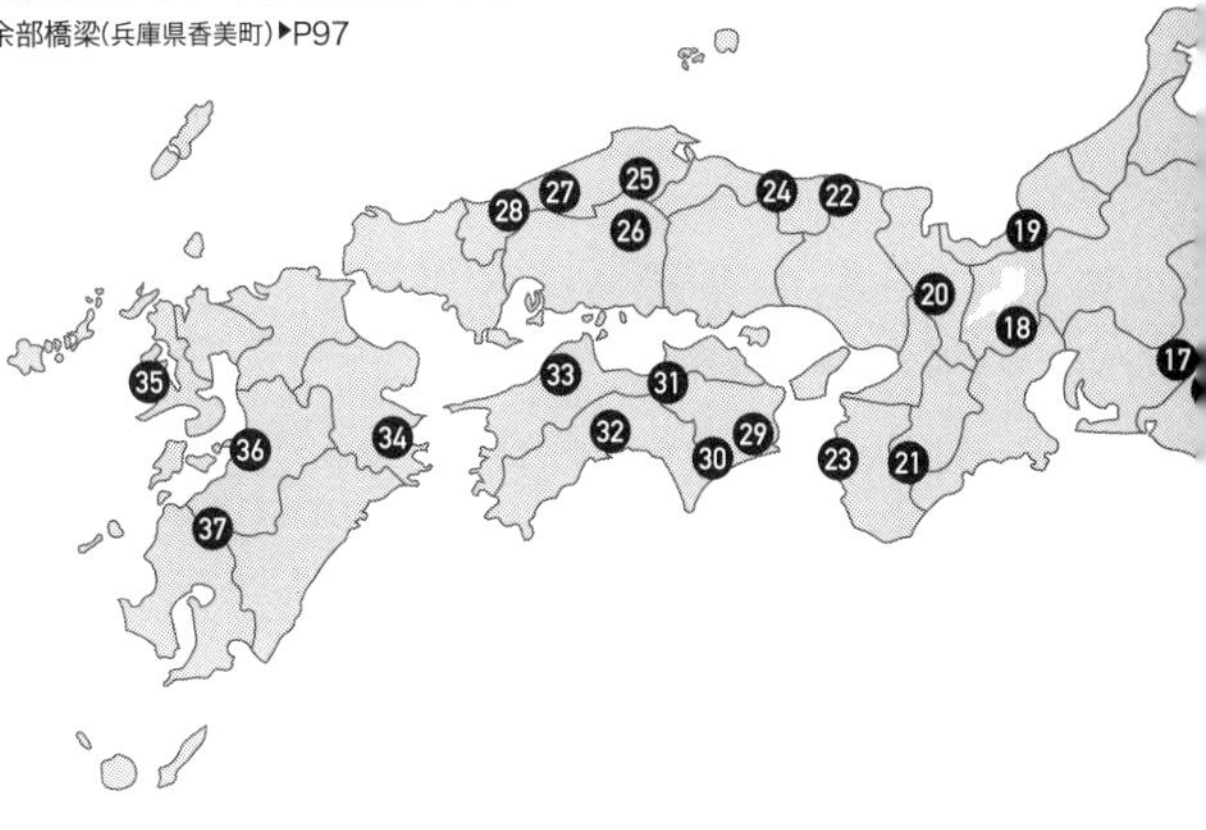

参考文献（順不同）

『サイハテ交通をゆく』（イカロス出版）
『国道ＶＳ秘境駅』松波成行・牛山隆信（イカロス出版）
『絶滅危惧鉄道２０１７』（イカロス出版）
『絶滅危惧鉄道２０２０』（イカロス出版）
『失われし北海道の鉄路』池口英司（イカロス出版）
『ブルーガイドブックス 四国』種村直樹・佐々木正夫（実業之日本社）
『秘境路線バスをゆく①〜⑥』（イカロス出版）
『三江線88年の軌跡』長船友則（ネコ・パブリッシング）
『廃線探訪』鹿取茂雄（彩図社）
『秘境駅の謎』「旅と鉄道」編集部（天夢人）
『北の無人駅から』渡辺一史（北海道新聞社）
『三陸鉄道25周年記念出版』三陸鉄道（盛岡タイムス）
『魅惑の東北ローカル線乗車&撮影ガイド 北東北編―地元レールファンが徹底紹介』東奥日報社・林 裕（東奥日報社）
『岩手の鉄道 昭和小史』濱光兵衛（熊谷印刷出版部）
『図説 宮古・釜石・気仙・上、下、閉伊の歴史』金野静一（郷土出版社）
『線路はつながった』冨手 淳（新潮社）
『さんてつ』吉本浩二（新潮社）
『只見線物語』磯部定治（恒文社）
『交通新聞社新書０７６ 碓氷峠を越えたアプト式鉄道―66・7パーミルへの挑戦―』清水 昇（交通新聞社）
『地図の楽しみ方』（洋泉社）
『礼文華観光案内』水野雅美（虹の卵）
「記憶の旅へ」長浜市・敦賀市・南越前町
「敦賀線の敷設の歴史研究 Ⅰ・Ⅱ」びわ湖をめぐる鉄道歴史研究会

イースト新書Q

Q071

秘境鉄道《ひきょうてつどう》の謎《なぞ》

今《いま》こそ訪《おとず》れたい「レア路線《ろせん》・駅《えき》」大全《たいぜん》

風来堂《ふうらいどう》

2021年5月20日　初版第1刷発行

DTP　臼田彩穂
編集協力　今田 洋／遠藤良二
執筆協力　青柳智規／石川大輔／池口英司／加藤桐子／兼子梨花／武田康弘／竹ノ内彩未／林 加奈子／平野貴大／牧村竜二
編集　岡田宇史
発行人　北畠夏影
発行所　株式会社イースト・プレス
東京都千代田区神田神保町2-4-7
久月神田ビル　〒101-0051
tel.03-5213-4700　fax.03-5213-4701
https://www.eastpress.co.jp/
ブックデザイン　福田和雄(FUKUDA DESIGN)
印刷所　中央精版印刷株式会社

ISBN978-4-7816-8071-2